泉城文库

濟南出版社

傳世典籍叢書

〔元〕于　欽／撰

齊乘

圖書在版編目（CIP）數據
齊乘 /（元）于欽撰 . -- 濟南 : 濟南出版社，
2024. 7. --（傳世典籍叢書）. -- ISBN 978-7-5488
-6589-6
Ⅰ . K295.2
中國國家版本館 CIP 數據核字第 2024VT9046 號

齊乘
QISHENG
〔元〕于　欽 / 撰

出 版 人　謝金嶺
出版統籌　葛　生　張君亮
責任編輯　趙志堅　李文文
裝幀設計　戴梅海

出版發行　濟南出版社
地　　址　濟南市二環南路一號（250002）
總 編 室　0531-86131715
印　　刷　山東黄氏印務有限公司
版　　次　2024 年 7 月第 1 版
印　　次　2024 年 7 月第 1 次印刷
開　　本　160mm × 230mm　16 開
印　　張　33.25
書　　號　ISBN 978-7-5488-6589-6
定　　價　132.00 元（全二册）

如有印裝質量問題 請與出版社出版部聯繫調换
電話：0531-86131736

《齊乘》出版説明

爲深入學習貫徹黨的二十大精神，認真落實習近平總書記關于推動中華優秀傳統文化創造性轉化、創新性發展的重要指示要求，貫徹落實濟南市委『强省會』戰略及全面提升城市軟實力、推動文化『兩創』工作的要求，濟南出版社推出濟南文脉整理與研究工程《泉城文庫》。《傳世典籍叢書》是《泉城文庫》之一種，包含歷史上有重大影響力的濟南先賢著述以及其他地區人士撰寫的有關濟南的重要著作，有着較高的學術研究價值，對我們傳承傳統文化、樹立文化自信具有重要的意義。

地方志簡稱『方志』，即按一定體例，全面記載某一時期某一地域的自然、社會、政治、經濟、文化等方面情况的書籍文獻。尤其是古籍地方志，無論記人、記事、記物都不脱離本鄉本土，事事緊扣地方。地方志記載的範圍雖限于一個區域，但其内容却極爲廣泛。從縱的角度看，既記古又記今；從横的角度看，既記自然、地理，又述政治、經濟、軍事、文化，還記社會風土人情、人物。它不但是有關自然科學的『博物之書』，而且是一地社會科學的『一方之全書』。在現代，地方志被譽爲『地方百科全書』。依照傳統的説法，地方志具有資治、教化、存史三大功能。在今天看來，一部好的方志不但具有保存地方文獻、幫助政府决策的功能，而且具有充當鄉土教材、提供科研資料的重要作用，其重要性越來越明顯。因此，自古以來，中華民族就有編纂地方志的優良傳統。宋明以來，不僅省、府、州、縣代代有志，甚至名山、大河、塔陵、寺廟也纂修有專志。歷代積聚、流傳下來的地方志，是我國數量浩瀚的傳統地方文獻的重要組成部分，同時也是歷代學者整理地方文獻的重大成果。現存歷史資料，很大一部分是通過地方志得以保存和流傳下來的。

《齊乘》是目前已知我國最早取『乘』爲名的方志，它因襲先秦晋國史書《晋乘》而來。該志專記三齊輿地，所記以當時山東東西道所轄益都、般陽、濟南三路并德州爲主，并附古代曾爲齊邑的高唐、禹城、長清、聊城、東阿、陽穀、臨邑、齊東等縣。《齊乘》六卷，分門別類記載沿革、分野、山川、郡邑、古迹、亭館、風土、人物等八門。書前有至元五年時任江北淮東道肅政廉訪使蘇天爵序，末附有于潛所作的跋、釋音一卷。該書爲研究宋元時期的山東歷史提供了豐富的史料。由于該書具有體例井然有序、内容取材豐富、叙述言簡意賅、結構縝密和考核嚴謹等特點，故而《四庫全書總目》稱贊它「叙述簡核而淹貫，地志中之有古法者」。更爲重要的是，于欽本爲齊人，又仕于齊地，滿懷鄉土熱情，諳熟鄉土掌故，因此四庫館臣認爲該志「援據經史，考證見聞，較他地志之但據輿圖憑空言以論斷者，實爲詳確可信，故向來推爲善本」。但該志不載户口、賦役、學校等内容，是爲缺憾。

對濟南來説，《齊乘》最大的功績就在于：一是給我們提供了金元時期濟南小清河與大清河聯運的情况；二是完整地將早已亡佚的金代在濟南民間所竪立的《名泉碑》内容原封不動地記録在書中「大明湖」條下，并一一注出各泉在元時的所在地；三是對濟南泉水的情狀、流布作了極爲概括而生動的描述。自從有了金人《名泉碑》，纔産生了濟南「七十二泉」之説，而《名泉碑》上的内容之所以流傳至今，則有賴于《齊乘》的記述文字。濟南泉水稱譽天下，「七十二泉」聞名遐邇，《齊乘》之功流傳千古。

于欽，字思容，益都（今山東青州）人，官至兵部侍郎。延祐六年，他奉旨賑恤山東饑民，後又任益都田賦總管。于欽感于山東一帶多兵難，志書多不存，便于任職山東期間，周覽原隰，詢諸鄉老，考之水經、地記、歷代沿革，分門別類，爲書凡六卷，名之曰《齊乘》。書成後，藏于家中。至正十一年由其子于潛刊刻。

濟南出版社

二〇二四年七月

目録

齊乘

齊乘　卷一之二

重刊齊乘序

凡著述必有關于民生風教斯能動鬼神其古今而不朽而又有數與命焉益都先有元魏時賈思勰其家思伯思同並有列傳載于魏書而思勰獨無思伯有明堂禮議思同有春秋左氏辨十卷皆不可得見而思勰之齊民要術獨傳自思勰後近千年有元侍郎于欽齊乘于之名不見于元史且史志不及藝文經籍而明史志藝文又不及前代之書故元人著述散而無紀其傳于今者轉不及唐宋之多而齊乘于今特著豈非命乎數乎又聞于之爲此書也夢有趙先生者謂曰君修齊乘僕有一艮友葬安邱其人節義高天下請載之以勵末

俗覺而異之閱趙岐傳始知爲孫賓石也豈非著述有
關係者鬼神亦爲之默贊邪夫表揚前哲諷勵風俗有
司之職也余向權知青州篋中先有是書思付之梓以
廣其傳匆匆未暇頃蒙
恩改守登州道出益都與明府周公兩塍偶言及是君與余
有同志遂慫慂以成之原書中常有舛誤之處君又爲
考證若干條附于各卷之後乃剞劂方竣忽赴修文考
證僅具草稾余頗爲是書惜而君有賢子字繼千力成
其先人之志眞所謂肯堂而肯構者按是書初刻于于
公子濳明嘉靖甲子青州守四明杜公又爲重刻然流
傳者大都寫本非好古家不能有今得明府喬梓表章

之功庶幾流傳益廣矣而齊民要術則早入　四庫之
藏且有聚珍印本風行宇內此固其著述之精英有不
可泯滅而非遇
盛世右文恐亦湮沒而勿章是又其書之命與數矣乾隆
四十六年九月朝議大夫登州府知府前進士桂林胡
德琳序

元序

齊乘六卷故兵部侍郎于公志齊之山川風土郡邑城郭亭館丘壠人物而作也古者郡各有志中土多兵難書弗克存我國家大德初始從集賢待制趙忭之請作大一統志蓋欲盡述天下都邑之盛書成藏之祕府世莫得而見焉于公生于齊官于齊考訂古今質以見聞歲久始克成編辭約而事核公在中朝爲御史憲臺都事左司員外郎終益都田賦總管以文雅擅名當時既卒其家蕭然獨遺是書于其子潛余官維揚始得閱之嗚呼齊地之彊民物之夥自古然也桓公任管仲以成霸業聖人嘗稱其功謂一變能至于魯後世去古雖遠

山川郡邑猶存革其俗以化其民獨不在夫上之人乎當漢之始兵戈甫定曹參爲齊相師禮蓋公以清靜化民齊乃大治玆非其效歟今齊爲山東重鎮所統郡縣五十有九宦游于齊者獲是書觀之寧無益乎予于于公之言重有感焉謂三代兩漢人材本乎學校之敎養謂風俗自漢晉以降愈變而愈下美昔人之賑饑有道歎近世之採金病民以稷下學術流于異端以海上求僊惑于神異斯亦足以槩公之志矣夫公諱欽字思容益都人濳擢南行臺掾云

至元五年己卯冬十月丙戌朔嘉議大夫江北淮東道肅政廉訪使蘇天爵序

齊乘目錄

齊乘卷之一

益都于欽思容纂

沿革

帝嚳九州之制青州初履海岱禹貢九州曰海岱惟青州謂東北跨海西南距岱少陽之方其色爲青故以名也舜肇十二州以青越海析遼東爲營商制九有以青爲徐周官職方以徐爲青其東北爲幽州齊則囊括青州襟帶徐兖幽營非所兼也古之國於此者少昊之世有爽鳩氏虞夏有季萴商有逢公柏陵薄姑氏皆爲諸侯周武王克商封太公吕尚于齊未得薄姑之地成王時薄姑與四國作亂成王滅之益

封太公遂有全齊漢志曰齊所以爲齊以天齊也蓋臨淄有天齊淵以此建國命名耳管仲曰昔召康公命我先君太公曰五侯九伯汝實征之以夾輔周室賜我先君履東至于海西至于河南至于穆陵北至于無棣穆陵即大峴山或以爲泰山南龜山北之穆陵山非也或又以爲光州固始縣南之穆陵關不應如是之遠元和志云齊陳二境置此關以爲防禁隋平陳始廢然則南北朝之關塞耳以爲古齊履可乎蘇秦曰齊南有泰山東有琅邪西有淸河北有渤海四塞之國地方二千里此其疆域也太公後二十九世彊臣田和簒齊自立五世爲秦所滅始皇郡縣天下始置齊郡又析置琅邪沂密秦亡齊分爲三齊王田都據臨淄濟北王安據博陽膠東王市據卽墨

故號三齊劉貢父云以益都爲天齊濟南爲中齊沂海爲南齊非是　漢高初假韓信繼封子肥爲齊王有齊七十餘城後置青州刺史部領齊郡北海千乘濟南平原東萊膠東高密淄川郡國凡九而不常所理琅邪東海則爲徐州之郡遼東邊郡嘗來屬焉光武十三年以遼東屬青州二十四年還屬幽州　三國時齊爲魏有晉置青州刺史領齊國濟南樂安城陽東萊五郡而理臨淄琅邪東莞亦爲徐郡永嘉之亂青及徐州之半陷于劉曜石勒厥後慕容燕苻秦迭據其地秦敗苻朗以青州降晉改置幽州以辟閭渾爲刺史鎮廣固隆安四年爲慕容德所陷德稱南燕定都廣固二世爲劉裕所滅西濟東海復爲晉土而祚

移于劉氏矣劉宋置青冀二州青理臨淄冀理歷城至明帝時二州及琅邪之地竝沒于元魏魏置青齊膠光北徐州宇文周置齊郡樂安北海郡隋開皇初郡廢復爲州大業初州廢復爲北海高密齊郡琅邪東萊五郡唐武德初郡廢爲青齊淄濰牟密登萊沂等州青齊置二總管府後罷總管爲都督府貞觀初罷都督天寶初復爲北海高密濟南淄川東牟東萊琅邪郡屬河南道青州又升平盧節度石晉青州仍爲平盧節度齊密二州則爲防禦宋置青密齊沂登萊濰淄八州屬京東東路升青州爲鎮海軍密州安化軍齊州興德軍元祐三年安化改臨海軍政和元

年鎮海軍復爲齊郡六年以齊州爲英宗賜履之地升爲濟南府建炎元年京東路青州爲帥府濟南爲要郡登萊沂密爲次要郡從李綱所請京輔之外建十六帥府時天下之勢已去干寶所謂非命世雄才不能復取綱策雖善豈高宗能辦哉金人初入中原詭立宋濟南知府劉豫爲齊帝兼八州之地八年廢之置益都濟南二府立山東東路統軍司于益都轄十三州焉濰淄密莒寧海登萊沂海濱棣清滄國初以濟南益都立二帥府益都仍行省事後竝廢置益都濟南般陽三路總管府割德州寧海爲隸省之州四分齊境立宣慰司于益都以鎮之廉訪司于濟南以按治之屬山東東西道皆古全齊之地也其詳則各隨郡縣以載焉其舊

屬齊邑今割入他郡者亦別附見云

分野

地志曰虛危爲齊分星曰元枵宮曰寶缾時曰子州曰靑魏陳卓分郡國所入宿度齊國入虛六度北海入虛九度濟南入危一度樂安入危四度東萊入危九度平原入危十一度淄川入危十四度魯分徐州屬齊者東海入奎一度琅邪入奎六度高密入婁一度城陽入婁九度膠東入胃一度又唐一行山河兩界圖曰河爲北河江爲南河自北河下流南距岱山爲三齊自南河下流北距岱山爲鄒魯皆負海之國貨殖之所阜也觀兩河之象與雲漢之所終始而分

野可知矣春秋運斗樞曰虚危之精流爲青州分爲齊國立爲萊山其川淮泗其浸沂沭音述又作㳅其利蒲魚竟之浸曰盧維幽之浸曰菑時藪曰貕養

山川

禹貢青州曰嵎夷既略濰淄其道徐州曰淮沂其乂蒙羽其藝嶧陽孤桐皆今齊境山川也取法于經則沂山見周禮爲青州之鎮故冠諸山濰淄二水青之大川故爲衆水之長次則經傳圖志所載與夫古志或遺而高大可稱者皆在所書其餘則略祠宇古迹之類因山川而互見者不復重出云

益都山

沂山○臨朐縣南百里周禮職方氏青州其山鎮曰沂山註曰沂水所出乃取名也漢志朱虛縣東泰山汶水所出酈道元水經曰大弁山與東泰山連麓沭水出焉以二水證之卽公玉帶（公玉帶濟南人公玉姓帶名玉一音肅見史記武帝紀註）請漢武所封之東泰山也然漢志謂卑小不稱其聲者蓋沂山遠望之則高壓羣山緣坡麓旁衍八九十里以漸而升逮至其顛則失其峻極耳又左思齊都賦云神嶽造天惟此山可以當之疑亦因東泰山而得嶽名山頂有二冢相傳周穆王葬宮嬪于此故大峴關因號穆陵云按周初封太公已有南至穆陵之履豈由穆妃而得名乎蓋二冢不知誰氏之葬

反因穆陵而附會也山半有東鎮東安王廟石刻神像俗傳趙太祖微時闞韓通于此棄衣而石翁媼收之神像猶作臂衣之形故又云翁婆廟本即沂山之神歷代封祀有典碑志具存而俚俗誕妄如此不經甚矣

大峴山○即穆陵關也沂山東南曰大弁山大弁今人訛作大屏字相類而誤唐沈亞之沂水禊記又訛作太平山因頂平八九十里故云當從水經作大弁者是大弁東南即大峴也其山峻狹僅容一軌故爲齊南天險劉裕伐南燕兵過大峴指天而喜曰虜已入吾掌中即此山也山北數里有裕祭天五壇

仰天山○臨朐南七十里有黑龍洞縣邑禱雨輒應宋碑云元符三年勅額靈澤廟崇寧五年封濟侯

逄山○臨朐西十里按路史逄伯陵姜姓炎帝後太姜所出始封于逄在開封逄澤後改封于齊猶稱逄公山因名焉有逄公祠漢志云祠逄山石社石鼓于臨朐山舊有石鼓或擊而有聲則齊亂今不存矣其山四面斗絕惟一徑可登且有泉金末避兵于此者多獲免

靈山○臨朐東北廿里晏子春秋云齊大旱景公曰卜祟在高山廣澤寡人欲祀靈山可乎晏子曰靈山以石為身草木為毛髮天久不雨髮將焦枯身將爇獨

不欲雨乎祀之何益蓋此山也

凡山○臨朐東北三十里大紀云軒轅踐位天下有不道者從而征之凡五十三征而奄有中區東至于海登凡山及岱宗西至崆峒登雞頭南至于江登熊湘北逐葷粥合符釜山竹書云堯放丹朱于丹水朱虛縣有丹山一名凡山黃帝所禪又名堯山下帶長阪曰破車峴東西二丹水出焉此山西接靈山東連方山遥見穹崇近則卑小豈上古之時爲瀕海之山後漸去海遠耳俗名几山蓋凡字訛也

雲門山○府城南五里上方號大雲頂有通穴如門可容百餘人遠望如懸鏡泉極甘冽崖壁上銜蚌殼結

石相傳海田所變如沈存中筆談載太行山崖螺蚌石子橫亙如帶之類齊地尤多又有碎石子或閒瓦礫凝結作石殆不可曉葢蚌石雜沙土凝者水所漬也石子自凝成石者氣所化也豈天地之終萬物皆碎爲塵及其開闢漸復凝聚元氣查滓中融化未盡者猶有其質邪以理逆之無足怪者雲門之東曰劈山山峯分裂如劈古名劈頭山西則駝山三山聯翠障城如畫宋熙寧閒知青州盧士宗山路記云營丘東秦舊服周環衆山雲門爲之冠然此山實不聞于天下其磨崖題刻有宋慶歷八年富文忠公題名七人熙寧二年歐陽文忠公六人四年趙淸獻公二人

吳文肅公奎十一人政和五年安撫使梁子美十七人金泰和間亦有益都少尹夾谷璋十一人然則雲門絕景前賢題品尚矣圖經散逸之後乃不得與龍山虎丘角雄天下爲可惜也故特表而出之云

堯山○三齊略云在廣固城西十里堯巡狩所登遂以爲名山頂有祠祠邊有柏樹枯而復生不知年代此山正臨廣固廢城才二三里去今府城乃十里耳唐開元三年青州刺史王昕碑亦云堯山者齊記謂堯巡狩所登大歷八年平盧淄青節度使李正己碑云魏神龜三年青州牧臣沐載建祠及李乾暉碑陰疏棟宇甚盛今皆不存中統初益都同知劉仁傑始立

廟設像紀石又有宋熙寧小碣凡五碑余按堯狩此山殊不經見府東角崩山與方山相連伏琛齊記亦名堯山水名堯水地名堯溝以堯名者不一鄭康成云堯遊城陽而死葬焉大紀云堯葬城陽丘壠小葬具微前志謂濟陰城陽有堯冢然齊有丹山朱虛丹朱所封而齊之城陽比濟陰尤顯豈堯老而遊者齊莒之城陽歟丘壠微小不存而山川猶表其稱歟

㟢山○府城東五十里水經云康浪水出㟢山堯水逕㟢山東山在劇縣西南無事樹木圓峭孤特左思賦㟢鎮其左是也按齊城山勢俱帶西南東郊平原百餘里有香山者童然孤峙康浪發其南堯水逕其東

卽嶼山也元和志作箕山紀侯冢在山陰宋書云焦
恭祭冢得玉磑焉別見巨洋水條下山西南十里有
龍女泉辛酉夏旱欽禱此泉投文水中卽日雨霑足
明年復禱亦如之嘗荐村甿欲碑其事甿諾而不集
因附此以垂不朽云
牛山○臨淄南十里孟子曰牛山之木嘗美矣齊景公
登牛山北顧其國而流涕爲晏子所笑卽此山也又
白淵之齊道記曰黄丘北十里有鸞鶩峴下帶長㵎
東北流經牛山山去此水八十餘里號曰牛頭水是
齊景公所登而歎處葢言爲山濁水耳
猫山○臨淄南十五里齊風曰子之還兮遭我乎猫之

閒兮卽此山也漢書作嶩亦作巙與猺通

稷山○臨淄西南十三里隋志曰臨淄有稷山齊記補曰山舊有后稷祠故名又齊宣王嘗立孔子廟亦名孔父山也

愚山○臨淄西二十里桑欽云山東有愚公冢山北有愚公谷按韓非子云桓公逐鹿入谷問一老父此何名愚公谷對曰臣畜牸牛生犢賣之而買駒少年謂牛不能生馬遂持駒去傍鄰聞之以臣爲愚故名愚公谷後人因爲立廟宋元豐間禱澍有感封隱利侯南曰杜山與愚山連阜水經云時水屈而西南有杜山高士傳齊宣王獵于杜山閭丘先生長老十三人

相與勞王王賜父老不租父老皆謝先生獨不拜復賜無徭役又不拜曰望得壽富貴于王王曰死生有命非寡人也倉廩備災無以富先生大官無闕無以貴先生閭丘曰非也選良吏平法度臣得壽矣賑乏以時臣得富矣令少敬長臣得貴矣山有白龍灣神祠宋政和賜額顯貺

商山○臨淄西三十里今隸高苑齊記補云南燕建平三年立冶逮今鼓鑄不絕崔琰述征賦云涉淄水過相都登鐵山望齊密卽此山也寰宇記以爲密州之鐵山者非是

孤山○濰州西四十里有穴曰龍洞禱焉雲出卽雨宋

封山神曰廣靈侯又以孟子言伯夷避紂居此北海之濱因立廟封伯夷清惠侯叔齊仁惠侯崇寧大觀碑刻存焉國朝至元十八年加封山神曰孚澤廣靈侯伯夷昭義清惠公叔齊崇讓仁惠公（路史伯夷名允字公信叔齊名致字公遠夷齊諡也此說恐未必然）山東曰麓臺俗傳公孫宏讀書處元和志以爲宏墓

陸山〇昌邑縣南四十里濰水東岸漢封霍光爲博陸侯食邑北海河東師古曰蓋鄉聚之名非縣也此博陸聚之山耳故名陸山天寶六年勅改霍侯山南有

岞山又南峽山皆瀕濰水

浮來山〇莒州西三十里春秋公及莒人盟于浮來即

此也俗訛作浮丘山山半有莒子陵又東南馬鬐山又東屋漏山浮來之北則洛山黃華水發源于此合浮來衆水瀦爲莒之西湖湖西復有定林山山有定林寺亦名刹也

焦原山○莒州南四十里記云莒有焦原臨百仞之溪人莫敢近莒勇士登焉莊子伯昏瞀人射臨百仞之淵卽此漢志謂之崢嶸谷俗曰青泥衚兩峽峻立如衚故云

雹山○沂水縣西北三十里寰宇記山出紫石英好者暎徹如雹故名亦作峋山今曰峋突固又東北螳蜋山與大小二魯山相連有穴如門直入二十里眞仙

境也縣西四十里有磨石峴長二十餘里極險峻峴
下即堂阜鮑叔解管仲囚處俗訛作僤阜
高柘山○沂水東北百里漢志靈門有高柘山浯水所
出東入濰又名巨平山俗曰臺頭山
望仙山○沂水西南百里縣中有望仙橋以爲王喬飛
舄之地未詳按列仙傳仙人王喬同姓名者有三人吹笙王子晉一名王喬在周飛舄王喬在葉縣食肉芝王喬在益州北平山在齊地琅邪者無之俗附會耳
蒙陰山○蒙陰縣南八里今名仙洞山琅邪承宮避亂
此山立性好仁不與物競人有認其禾者舍之而去
龜蒙二山○魯頌閟宮曰奄有龜蒙遂荒大東傳曰龜
蒙魯國二山也龜山近魯在今費縣西北七十里後

人指爲蒙山者山頂宛如龜形名不虛得夫子龜山操曰余欲望魯兮龜山蔽之韓退之擬曰龜之大兮祇以奄魯則龜爲魯之大山明矣蒙山者在龜山東二山連屬長八十里禹貢之蒙羽論語之東蒙此正蒙山也邢昺曰先王封顓臾爲附庸之君使主祭蒙山蒙山在東故曰東蒙後人疑于東蒙之說遂誤以龜山當蒙山蒙山爲東蒙而隱沒龜山之本名夫魯人頌其本國之山川辭必審矣故今定蒙山爲龜山東蒙爲蒙山以復古焉帝王世紀少昊自窮桑都曲阜註謂窮桑在東蒙山屬魯地然未知果是否龜山下有古顓臾城山前玉虛宮唐仙人賈神翁所建有英烈昭濟惠民王祠卽顓臾也山西

南十餘里有漏澤澤有五穴春夏積水秋冬漏竭將漏之時先有聲居人匽穴取魚隨種麥比水至麥已收矣費縣廨有唐大中間校書郎李曙漏澤賦幷序石刻宋至和間出于泥中今斷裂爲二在醉翁亭記碑傍醉翁碑者歐公同時人蘇唐卿爲費縣宰篆記文刻石立于此幷刻歐公往復手帖皆精蒙山前陽口村有玉皇廟相傳老萊子故宅也陽口亦山名後魏費縣理此高士傳老萊子隱蒙山著書十五篇言道家之用楚王嘗至其門其妻挾薪而至怪車馬跡之多曰可食以酒肉者可加以鞭捶可授以官祿者可隨以鈇鉞先生受人官祿爲人所制妾不能爲人所制也夫婦遂相與逃去路史又云老萊子即老子邑于苦之頼頼乃萊也孔子至楚見老萊子時已二百餘歲斑衣戲母側所問答皆禮事知非二人未知是否

羽山○地記舊在朐山縣西北九十里今屬沂州東南百二十里殛鯀山也前有羽潭一名羽池左傳鯀化爲黃能入于羽淵卽此淵傍生細栁野獸不敢踐郡國志又云鍾離眛城南有羽泉亦殛鯀處其水恆清牛羊不飲

艾山○左傳隱六年公會齊侯盟于艾杜註泰山牟縣東南有艾山在今沂州城西三十里與大小鳳凰山相近官溝水自小沂分流經艾山西注山前靈鎭侯廟山東漢厚丘縣古城城西有酺神廟詳見祠宇

君山○一名抱犢山嶧州北六十里述征記曰承縣君山有抱犢固壁立千仞去海三百里天氣澄明宛然

在目山上有池深纔數尺水旱不增減平田數頃昔有隱者王老抱一犢于上耕種後遇異人仙去故以名焉漢曰樓山魏號仙臺其高九里周四十五里然今嶧州城北三里別有仙壇山亦奇秀豈卽仙臺而誤爲君山所掩邪

魯卿山○嶧州東北七十里國語季文子相宣成二君妾不衣帛馬不食粟魯人思其遺惠爲之立廟亦名季山俗作神峯山

夾山○嶧州北七十里通典東海懷仁縣有夾山春秋之夾谷也左傳定十年公會齊侯于祝其實夾谷孔子相漢有祝其縣

禹貢別州以山川定經界秦漢以降建置雖不常亦不敢失山川之限焉按抱犢魯卿諸山古圖經皆屬嶧州今則並屬沂州訪之耆舊云李璮據齊以其姻親胡某者知沂州實張威福嶧州畏其逼盡割州東二十里外境與之逮今不改嗚呼璮賊據彈丸之地爲政不平如此固不足責職方氏因之豈矇不知邪

尼丘山○滕州鄒縣東北六十里有坤靈洞宣聖廟其東顏母山水經謂之防山防墓崩即此有顏母廟南有昌平山夫子所生之鄉又南馬鞍山有孟母墓又南唐口山有孟子墓

鳧山○鄒縣西南五十里閟宮曰保有鳧嶧遂荒徐宅

傳曰梟嶧二山名也古有伏羲廟今云有伏羲墓茲

左傳顓臾風姓伏羲之後實司太昊之祀鄒魯有廟

是也伏羲都陳有墓非也今訛作爺娘山

嶧山〇鄒縣東南二十里京相璠曰嶧山在鄒縣繹邑

之所依山東西二十里高秀獨出積石相臨殆無土

壤石間孔穴洞達相通有如數間屋者俗謂之嶧孔

避亂入嶧外寇雖衆無所施害永嘉之亂太尉郗鑒

將鄉曲千餘家逃此今山南有大嶧名郗公嶧亦有

古城遺跡史記始皇二十八年東行郡縣上鄒嶧山

刻石頌德三代地理書曰始皇乘羊車登嶧山刻石

處名曰書門

桃山○滕州南五十里御覽云即華采山也又名義珠山山上有井不可窺窺者不盈歲輒死有烏巢井上金喙黑色見則大水今訛作陶山謂有陶朱墓西微山謂有微子墓皆謬惟奚公山奚仲造車處上山軌轍猶存見地記云

牟婁山○密州安丘南二十里路史云古有巢氏治石樓山即牟婁也本牟夷國密之諸城有婁鄉隋因置牟山縣今訛作朦朧按字書云牟婁微視也義或緣此

常山○密州南二十里東坡雩泉記曰禱雨未嘗不應葢有常德者故謂之常山廟西南十餘步有泉古者

謂吁嗟而求雨曰雩名之曰雩泉宣和閒封山神靈濟昭應王

盧山○密州東南四十五里東坡詩註盧敖秦博士避難此山遂得道有盧敖洞飲酒臺聖燈巖障日峯三泉

馬耳山○密州西南六十里東坡詩試掃北臺看馬耳未隨埋沒有雙尖（北臺謂超然臺也）

九仙山○密州東南百二十里坡云九仙在東武奇秀不減鴈蕩所謂九仙今已壓京東是也（漢琅邪郡有太一仙人祠九所豈以此得名邪）

琅邪山○密州東南百五十里齊景公放于琅邪即此

吳越春秋越王句踐徙琅邪立觀臺以望東海秦始皇廿八年南登琅邪大樂之留三月徙黔首三萬戶于臺下立石頌德御覽云碑有六百字可讀臺側有四時祠臺上有神泉人或汚之即竭漢于此置琅邪縣武帝亦嘗登焉隋開皇十六年于此置豐泉縣大業初復爲琅邪唐省之今山下井邑遺跡猶存登山石道如故土人名曰御路

大朱山○膠州西南百二十里岸海名山也通典高密諸城縣有古齊長城自大朱山起蓋古齊長城起自齊西防門東逾泰山穆陵至大朱山海濱而絕非起自大朱也大朱山有石室晉永嘉中陳仲舉隱此得

道仙去旁有小朱山錯水所出又東徐山方士徐福將童男女二千人會此入海采藥不返又東白猊山風水所出（錯水風水俱東入海）

大小二勞山○卽墨東南六十里岸海名山也又名勞盛山四極明科云軒皇一登勞盛山是也齊記云泰山自言高不如東海勞吳王夫差登之得靈寶度人經神仙傳樂子長遇仙人授以巨勝赤散方曰蛇服此藥化爲龍人服此藥老成童子長服之年百八十歲顏如少女登勞山仙去山高十五里周八十里此大勞也與小勞山華樓山（疑卽陰山）鼎足相聯大勞山有上清宮五代末華蓋仙人識趙太祖于側微宋人爲

建此宮近世有劉使臣者棄金符遯此山其徒建碧落宮

陰山○即墨東南八十里上有小池深不盈尺水旱不增減池傍有石人并石馬蹄迹寰宇記云秦始皇至牢盛山望蓬萊立馬此山遣石人驅牢山不動因立於此石人今海濱山上往往有之蓋勞山之高以其登陟之難則名勞驅之不動又名牢也

不期山○即墨東南四十里又名訓虎山後漢童恢爲不期令有虎食人恢檻獲二虎訓之曰王法殺人者死虎敢食人一虎垂頭服罪一虎吼躍不服服者殺之躍者縱之三齊記云鄭元教授此山草生如韰長

尺餘堅韌異常號康成書帶余按勞山不期皆康成講學之地文澤涵濡草木爲之秀異千載之下茀茅塞焉深可歎已

天井山○即墨東十餘里上有一井極甘因號天井北二十餘里平地三穴湯泉出焉若有風從西北來則湯極熱不可入

女姑山○即墨西南三十里山北舊有基漢志不期太一仙人祠九所及明堂武帝所起不期城西南有七神號曰女姑即此又東有中祠山亦九祠之一又天室山亦祠所並見寰宇記

田横島○即墨東北百里横衆五百人死此四面環海

去岸二十五里可居千餘處蓋有竹島塔沙福島穀積東牛皆海中島名然登州蓬萊閣西復有田横島在岸不在水非是

寧海山

大崑嵛山○州東南四十里嵎夷岸海名山也秀拔爲羣山之冠仙經云姑餘山麻姑于此修道上昇餘趾猶存因名姑餘後世以姑餘崑嵛聲相類而訛爲崑嵛然今東夷人止名崑嵛又有小崑嵛與之相連宋政和六年封仙姑處妙真人重和元年賜號顯異觀元遺山續夷堅志崑嵛山石落村劉氏嘗于海濱得百丈巨魚取骨爲梁搆屋曰鯉堂堂前一槐蔭蔽數

畝忽夢女冠自稱麻姑乞此樹修廟劉漫許之後數日風雷大作昏晦如夜失槐所在相與求之麻姑廟中樹已臥廟前矣山有東牟侯神祠又金大定間關西王祖師訪山前大姓于氏曰我前生修煉此山山有烟霞洞盍往登焉于氏以爲我世居此未聞有洞相與登山求之果見洞口有烟霞字跡大爲神異建祠紀石焉

盧山○州東二十里與大峴山東牟山相連北至海百里上有望海臺峴山有東牟侯祠又東繫馬山始皇于此繫馬草生猶作繫結之狀俗云繫馬础州西南六十里兩敧山兩峯敧側相倚竝見寰宇記

文登山○文登縣東二里寰宇記始皇東巡召集文人登此山論功頌德故名又東有鵂鶹山常有鵂鶹栖其上

斥山○文登東南六十里爾雅云東北之美有斥山之文皮焉蓋以海濱廣斥得名高門之族居此有千餘家東齊于氏皆斥山望也欽之曾大父端叔府君自斥山徙昌陽大父君端府君其仲子也又自昌陽徙益都先考禮部公嘗命欽攷斥山于氏所出欽對曰按氏族略于氏本周武王子邘叔所封之國在河內邘城子孫以國爲氏去邑爲于後魏時有自東海隨拓拔徙代改爲萬紐于孝文復爲于氏又有淳于姜

姓之後唐避憲宗嫌名亦爲于氏此鄭氏之說也然
史記文王伐邘在野王縣西北書大傳正作于于蓋古諸侯
之國非始于邘叔也又夏相時于夷來賓子欲居九
夷于夷其一也或卽嵎夷之轉或于國之裔有奔海
濱而君長東夷者何其族之蕃而世之衍也斥山之
于祖此爲的先君頌之
之罘山○州西北五十里海濱史記秦始皇廿九年登
之罘刊石紀功三十七年又自琅邪使徐福采藥福
言苦大魚爲患於是連舟下海登之罘射巨魚郊祀
志齊有八祠之罘爲陽主山有陽主廟武帝太始三
年幸琅邪禮日成山登之罘稱萬歲子虛賦又云射

乎之罘其山入海中有壘石相傳武帝造橋兩石銘猶存山高九里周五十里西南至福山縣長三十餘里

召石山○文登之東三齊畧云始皇造石橋渡海觀日出處有神人召石下城陽一山石岌岌相隨而行石去不駛神人鞭之見血今召石山石色皆赤伏琛齊記曰始皇造橋觀日海神爲之驅石豎柱始皇感其惠求與相見神曰我醜莫圖我形當與帝會始皇從橋入海四十里與神相見左右有巧者潛以足畫神形神怒曰帝負約可速去始皇轉馬前腳纔立後腳隨崩僅得登岸今驗成山東入海道水中有豎石往

往相望似橋柱之狀又有柱石二乍出乍没琛云始
皇渡海立此石標之以爲記山下有海神廟望海臺
始皇廟
成山○文登東北百五十里古不夜城側漢志亦作盛
山主祠日盛山斗入海最居齊東北陽以迎日出武
帝太始三年幸東海作朱鴈之歌禮日此山還而下
卹鰥寡今按召石與成山相近因始皇會海神故後
世遂呼成山曰神山山斗入海旁多椒島海艘經此
失風多覆海道極險處也
鐵官山○文登西百四十里去牟平城百里漢置鐵官
冶鑄遺跡尚存

五壘山○文登南五十里南北成行入海如壘又南石門山兩石聳立如門今按文登正南有鐵查山東連斥山甚奇秀圖經弗載豈古與斥山爲一或卽五壘石門之異稱歟

白鹿山○文登北四十里唐神龍三年刺史畢元愷於此獲白鹿進之故名又東北海邊有雞鳴島北海中有海牛島郡國志云海牛無角長丈餘紫色足似龜尾若鮎魚性捷疾見人則飛赴水皮堪弓韝脂可然燈與海驢島相近海驢常以八九月上島產乳其皮水不能潤可以禦雨並見寰宇記海驢皮今有獲之者淺毛灰白作鱸魚斑又有海狸亦上牛島產乳見

齊記

昌山○文登西南四十里有巨神島龍祠昌水出此山因氏焉南合黑水北納昌陽湯通名昌水西南過萊陽會五龍水南入于海昌陽湯極清溫在文登西七里名如意湯圖記文登有溫泉七所此爲最

般陽山

九目山○登州東南七十里齊記云山有九竅故名北二十里有龍山又北羽山之罘水所出東北流合石門水入海寰宇記亦謂此爲殛鯀之山非也東海既有羽山鯀廟矣此偶同名耳又有朱高密神隱丘歷堂等山圖志弗載不可備述

沙門島附海市 ○登州北海中九十里上置巡檢司海艘南來轉帆入渤海者皆望此島以爲表誌其相聯屬則有鼉磯島牽牛島大竹島小竹島歷歷海中蒼秀如畫海市現滅常在五島之上海市之名始見江鄰幾雜志東坡詩序或謂類南海蜃樓蛟蜃噓氣所成殆不然欽嘗至登州海上訪之蓋海市常以春夏晴和之時杲日初升東風微作雲腳齊斂于海島之上海市必現現則山林城闕樓觀旌幢氊車駝馬衣冠人物凡世間所有象類萬殊或小或大或暫或久或變現終日或際海皆滿其爲靈怪赫奕豈蜃樓可擬哉蓋滄溟與元氣呼吸神龍變化浩不可測如佛經

所謂龍王能興種種雷雹雲雨居于本宫不動不搖山海幽深容有此理欽以中秋後至海濱天已微寒知州事李述之詩人也亦相與禱于廣德王之祠越二日忽報云今晨風色雲氣海市當現同登賓日樓候之日初出大竹島上橫一巨艘長餘百尋述之指以示余余曰此海舟耳述之曰諦觀之何故不動須臾前後曳數旗劒戟紛紜忽不見惟有空舟漸變如長廊而滅述之曰風稍急而寒不然現未已也嗚呼神哉然則史漢所稱三神山蓬萊方丈瀛洲望之如雲未能至者殆此類耳且秦漢入海方士僅能往來于磯島之間偶見此異慕之爲仙亦不爲過非若今

人航海遠泛黑水洋外或飄蕩歲月而後返果有蓬萊仙山何不聞也斯言足破千古之惑矣

金山○亦名岠嵎山棲霞縣東北二十里以產金得名卽地記萊陽縣之黃銀坑也隋開皇十八年牟州刺史辛公義於此坑冶鑄得黃銀獻之山寺有隋碑淘金者所祖然隋唐以來皆守土官采以充貢爲數不多未見其害今則編戶置官歲定金額有增無減三時沙汰僅得分毫名曰淘金實則買金鑄納戶漸逃亡官復侵剝大約金戶一家之賦當他戶三倍之多而戶不勝其苦矣又指以金苗鑿地人家居宅墳壠皆所不免而民不勝擾矣其害視鹺竈有加夫宏羊

之罪良吏已書辛公義作偏此毒可無誅乎故論及之士俗訛傳隋開皇中岠嵎山出黃金九屋俗儒便紀之于石爲可笑也

艾山〇棲霞西北三十里山前溫泉可浴按棲霞縣本以山得名曰百澗北曲方嶺唐山靈峯覆甑積金芝陽公山綦山磁山峆嶁山（峆嶁在福山縣南）不能具述大抵環縣皆山耳宋李常云吾州有重巖疊嶂不可名狀信然

萊山〇黃縣西南五十里封禪書云齊八祠萊山爲月主山有月主真君祠一云萊陰山多仙聖所居

蹲狗山〇黃縣西南三十里上有石如狗蹲伏氏云山

極靈劉寵微時途經此石犬吠之後爲太尉俗名狗兒山

蘆山○黄縣南四十里山下有真君宫金縣尹陳公碑云蘆童子晉時人九歲居此山食茯苓升仙唐封沖禧真君

三山○萊州北二十里漢志秦祠八神四曰陰主祠三山寰宇記云在掖縣北海之南岸顔監謂卽三神山者非也漢志曰蓬萊方丈瀛洲此三神山者其傳在渤海中則三神乃蓬萊方丈瀛洲之總稱豈海岸之三山也詳見海市論

浮游島○萊州北海中望若浮游然俗訛曰芙蓉

福祿山○萊州西五里出溫石可爲器又有金山馬鞍
優游雄山土山君山皆縣境內
萬里沙○萊州北三十里夾萬歲水兩岸沙長三百里
路史云雲陽氏陽帝處于沙掖有萬里沙祠秦皇漢
武皆禱于此又北十餘里臨海有盞石方圓五步上
有窪樽古老相傳始皇鑿此盛酒以祭百神
大基山○萊州東十里金明昌閒劉國樞記云大基山
道士谷後魏鄭文公修道之地流泉花竹地占高敞
略無纖塵郡之甲勝
七子山○萊陽縣東南九十里山有八峯大峯居中餘
若子然故曰七子

五龍山○萊陽南二十里四水自西北昌水自東北皆南流至山前五水相合名曰五龍南入于海山因名焉西有荆山寰宇記作韮山爾雅藿山韮者是也

高麗山○萊陽西南九十里司馬懿征遼東置戍于此以高麗爲名俗訛作嵳峩山

火山○萊陽北三十里山多赤石故以火名已上竝見寰宇記又有倉山林寺福阜三山林寺福阜淘金之地又有獅子峯俗傳金人詩俚甚今不取

大豁山○膠水縣西北二十里伏琛云盧鄉城東南有豁口曰大豁山北又有小豁山

嵖岈山○膠水北三十里寰宇記云山形嵖岈故名北

與蹲狗山相接天柱大澤皆一帶山也

明堂山〇膠水東北四十餘里齊記云盧鄉城東三十里有明堂山與巨青山連出烏頭天雄又云藥石水出此合石瀆水北入于海

墨山〇膠水東北六十里石色如墨故名水出玆山亦名墨水

金泉山〇膠水東南四十里記云出桔梗防風

鳳喙山〇招遠縣北三十里本名牛心至元六年陳節齋按部過之以其名俚故易之有詩石刻在縣治縣北五里有湯泉皁泉出皁南極熱東流合冷泉入池始可浴鳳喙山東有山中空俗曰虛空山又有齊山

望兒亦皆鄙俚自圖經散逸齊地山川例蒙俗惡之稱惟密州境內一山一水名存古雅葢得坡仙手滌凡陋千載有光信賢人之澤遠矣

梓桐山〇般陽府城東十餘里後有石壘圜洞古老相傳鬼谷子隱居名鬼谷洞典略鬼谷弟子蘇秦張儀輩五百餘人鬼谷爲作窟深二丈曰有能在窟中說使泣者則能分人主之地矣秦下說之鬼谷泣下即此洞亦有鄭康成廟金末燬于兵乙卯歲淄川令張孚重修澠水燕談云處士王樵隱此山詳見人物論梓桐東曰吉磨山出磨石有石碌井

原山〇府東南七十里地志云原山淄水所出今名岳陽山淄出其陰汶出其陽非止一水也山亦跨淄川

益都兩縣界云

甲山○府西南三十里水經註葫水出般陽西南甲山東北入瀧水今訛作夾谷山謂是齊魯會盟之地非也當從水經

黌山○府北十里三齊略云鄭元刋註詩書棲遲此山上有古井獨生細草葉似薤俗謂鄭公書帶即今黌堂嶺與長白山相連元遺山濟南行記謂因范文正公學舍在焉故謂之黌堂葢未見古圖經耳

長白山○長山縣南三十里太平御覽云長白山者因此山雲雨長白故名之西南又有大湖山二山竝有石室敗漆船上有記皆謂堯時物元和志云於陵城

西長白山高二千九百丈周六十里昔陳仲子夫妻隱此山阿有醴泉寺相傳志公卓錫之地宋范文正公讀書寺中日惟一粥偶見窖銀覆之而不取後爲西帥僧人求爲修寺公使發之取窖中銀適周於用此與還術者子白銀相類世或未之聞也上下二書堂在贊堂嶺會仙峯下皆宋代所建遺跡尚存今卽寺內有范公祠舊說公母嫁齊居秋口公讀書此山相去百里往來省親劬甚後知青州悲思不自勝秋口在今顏神鎮土人亦名其處爲范公書堂按南岱東沂小泰山之外沂之蒙山密之九仙卽墨之大小勞寧海之姑餘般陽之長白皆三齊高大名山也餘不

得竝列

濟南山

歷山〇府南五里一名舜耕山古有舜祠曾南豐齊二堂記云舜耕歷山漁雷澤陶河濱作什器于壽丘就時于負夏鄭康成釋歷山在河東雷澤在濟陰負夏在衛地皇甫謐釋壽丘在魯東門之北河濱在濟陰定陶西南陶丘亭是也以余考之耕稼陶漁皆舜之初宜同時則其地不宜相遠孟子又謂舜東夷之人二家所釋雷澤河濱壽丘負夏皆在魯衛之閒東方之地歷山不宜獨在河東在齊者是也世因河東雷首山一號歷山潙水所出舜娶堯女所居遷就附益

謂歷山爲雷首之別號不考其實由是言之則圖記皆謂齊之南山爲歷山舜所耕處故其城名歷城爲信然也或者不此之論乃備載陸魯望象耕鳥耘之辯可見其贅龜蒙曰世謂舜田歷山象爲之耕鳥爲之耘聖德感召非也蓋耕者行端而履深似象步耘者舉疾而畏晚如鳥喙通典云山有太甲冢未詳歷山南屬泰山東連琅邪崇岡疊嶂脊脈不斷欽嘗有詩云濟南山水天下無晴雲曉日開畫圖羣山尾岱東走音奏海鵲華落星青照湖此濟南山勢也

廟山○府城東南十里三齊記云因舜廟得名遺山濟南行記作妙山非是

酉山○府南二十里按酉陽雜俎云齊郡酉山有鳥名

王母使者漢武登此山得玉函帝下山玉函化爲白鳥飛去世傳山上有王母藥函鳥常守之因號函山有九十谷又名臥佛山

奎山○府城西南十五里三齊記奎山公神似猪頭戴珠冠殷時有道士隱此野火四發道士祈天即雨今人遇旱燒山禱雨多應又北有匡山世傳太白讀書於此又北曰粟山曰藥山山出陽起石極佳故名

華不注山○府東北十五里左傳成公二年魯季孫行父師師會晉郤克及齊頃公戰于鞌齊師敗績逐之三周華不注又云從齊師至于靡笄之下逄丑父與公易位使公下如華泉取飲則此山亦名靡笄（靡與摩同）

地記又名金輿道元謂單椒秀澤不連丘陵以自高虎牙傑立孤峯特拔以刺天青崖翠發望同點黛信然山前道院中有石刻太白諸賢詩院前即華泉水與小清合流

鵲山○府北二十里王繪太白詩註云扁鵲煉丹于此俗又謂每歲七八月烏鵲翔集故名按扁鵲盧人近在今長清縣地煉丹此山者是古有鵲山院見陳後山詩

黃山○府西南六十里山周如城岱陰諸谷之水奔流至山西匯爲池圍數畝不溢而伏山即渴馬崖也伏流至府城之西而出即趵突泉也

西龍洞山○府南六十里道元云苻秦時有竺僧朗事

佛圖澄碩學淵通與隱士張巨和居此因號朗公谷今有朗公寺亦三齊名刹歷代有碑谷有琨瑞溪水過玉符山又名玉水至祝阿入濟今溪水東西分流山中人云西發趵突東發百脈驗之信然謂徑入濟者誤也龍洞西南有方山（長清縣界）疑即水經之玉符山又西隔馬山（長清東南）左傳襄公十八年晉伐齊齊侯禦諸平陰塹防門而守之廣里齊師懼夜遁夙沙衛連大車以塞隧而殿殖綽郭最曰子殿國師齊之辱也子姑先乎乃代之殿衛怨二子遂殺馬于隘以塞道欲使晉師得之即此後人呼爲隔馬山山東北曰神林有隔馬神君祠祠南有一潭清澈見毫髮歲旱邑

人祈聖水禱雨輒應唐宋碑刻存焉又南青崖山金亂嚴侯莘義兵堡此皆古齊山今屬泰安

東龍洞山○府東南三十里山如重甗音言甑也爾雅重甗隒此山類之西洞透深一里許秉火可入東洞在萬仞絕壁之上洞口釜鬲尚存烟火之跡如墨蓋昔人避兵引絙以上中必有泉不知其深幾許耳有翠屏巖獨秀峯三秀峯峯側龍祠郡邑禱雨極應宋封靈虛公九域志又云禹登山謂禹治水嘗登

龍盤山○章丘縣南二十八里齊記云周初有神龍潛此山遂名有神跡祠姜嫄所履伏琛云宋濟南太守蕭承之立祠山上其妻亦學履而產齊帝按姜嫄炎

帝後有駘氏之女高辛世妃后稷母也駘舜封稷作邰元和志邰在京兆武功縣路史駘在費縣南遠者去此數千里近亦五百餘里姜嫄未嫁不應至此既嫁則高辛都亳河南偃師地豈在齊乎伏琛之論尤覺誕妄

樂盤山○章丘南二十七里齊記云下有樂盤城即平陵王與章丘侯餞送之地

東陵山○章丘南二十八里龍盤山相連寰宇記云盜跖死處山南有盜跖冢

危山○章丘東北五里寰宇記云漢文帝十六年封齊悼惠王子爲齊孝王景帝三年孝王與吳楚通謀自

殺葬于此墓在山椒

女郎山○章丘東南七里又號小田山齊記云章亥有三女溺死葬此有三陽洞俗云有子張墓卽章女冢所謂章丘者耳

雞山○章丘西南四十里齊記云有神雞晨鳴于此候之獲一石潔白如玉因以名焉巨合水出此山下俗名雙女泉

湖山○章丘正南五十里明秀鄉相傳古有仙翁仙婆修道此山皆得壽考今有公婆廟遇旱禱雨卽應

亭山○章丘西南六十里桀死處湯放桀于南巢書傳皆謂今廬江巢縣獨尸子云放之歷山豈古有巢氏

治琅邪之石婁山齊地亦有南巢邪又桀死後其子淳維妻其衆妾遁于北野隨畜轉徙號曰葷育若桀死南方其子豈能北遁自齊奔漠則易矣隋唐有亭山縣見古蹟

啞婦山○鄒平縣西十三里俗呼啞婦山謂夫子去齊道此山婦人陽瘖以滅跡葢因孔子去魯之歌曰彼婦之口可以出走而附會此名直野語耳

大山○無棣縣東北八十里

小山○無棣西北一百二十里二山圖經弗載然濱棣瀕海廣斥無高峻之山故志

平原嶺○德州東南七十里有望遠臺壽公菴嶺上鹿

角闕

齊乘卷一

臨桂胡德琳書巢校

齊乘卷一考證

沿革

商制九有以青爲徐○按爾雅釋地齊曰營州郭注云自岱東至海此葢殷制邢疏云此營州則青州之地也是商之九州以青爲營于氏以濟東之徐當之誤

分野

唐一行山河兩界圖○新唐書天文志引作兩戒古字通用

沂山

酈道元水經曰大弁山與東泰山連麓沭水出焉○當作水經注後凡引酈注直稱水經者放此

仰天山
崇寧五年封濟侯○按山川神祠封號鮮有用一字者
據臨朐縣志作豐濟侯
嵎山
元和志作箕山○按太平寰宇記作箕山非元和志
愚山
桑欽云山東有愚公冢山北有愚公谷○按水經注時
水西北逕黄山東又北歷愚山東有愚公冢時水又
屈而逕杜山北有愚公谷于氏割山東山北屬下句
失其讀矣且此酈道元之言不關桑欽也○水經三
國時人作非桑欽欽西漢末人班氏地理志引欽說

者七不言其有水經也自唐藝文志以水經爲欽作後人多承其誤惟此條以酈注屬之桑欽尤堪詫異耳

商山

崔琰述征賦云云卽此山也寰宇記以爲密州之鐵山者非是○按太平寰宇記臨淄縣鐵山引崔琰述征賦云涉淄水過相都（相都謂斟灌國故城在壽光縣東）登鐵山望齊密卽此山又于安邱縣鐵山下別引崔琰述初賦序云琰聞比鄭徵君者名儒善訓遂往造焉涉淄水歷杞焉過杞都之津登鐵山以望高密兩賦題目不同而昔有鐵山之名封演聞見記云漢末崔琰于高密

從鄭元學遇黃巾之亂泛海而南作述初賦則其爲
密州之鐵山明矣杞都之津謂安邱淳于城東北濰汶兩川所會也述征賦
或別指臨淄鐵山而言然其文在相都之下亦于道
里不合于氏以在青者爲是在密者爲非未詳考也

桃山

御覽云卽華采山也○太平寰宇記作華菜山御覽同

大小二勞山

又名勞盛山○顧氏曰寰宇記秦始皇至勞盛山望蓬
萊後人因謂此山一名勞盛誤也勞盛二山名勞卽
勞山盛卽成山史記封禪書七曰日主祠成山成山
斗入海漢書作盛山古字通用齊之東偏環以大海

海岸之山莫大于勞成二山故始皇登之古人立言尚簡南勞而北盛則盡乎齊東境矣

齊記云泰山自言高不如東海勞○元和郡縣志引作太白自言高

召石山不言去縣里數寰宇記云在縣東八十五里

三齊略云始皇造石橋渡海觀日出處有神人召石下城陽一山石岌岌相隨而行石去不駛神人鞭之見血今召石山石色皆赤○按藝文類聚引三齊略記曰始皇作石橋欲過海觀日出處于時有神人能驅石下海城陽一山石盡起立嶷嶷東傾狀似相隨而行石去不速神人輒鞭之盡流血石莫不悉赤至今

亦爾今于氏引此文城陽上失一海字語意不明又按寰宇記作下城陽一十三石遺東下岌岌相隨如行狀城陽山石豈有定數恐亦誤也

金山

黃銀坑○按山海經注黃銀出蜀中與金無異但上石則色白新唐書地理志昌陽縣東百四十里有黃銀坑貞觀初得之房杜列傳帝嘗賜元齡黃銀帶曰如晦與公同輔朕今獨見公泣然流涕曰世傳黃銀鬼神畏之更取金帶遣元齡送其家是黃銀乃銀之別種非黃金也以金爲通名則可耳元史世祖本紀至元五年閏月令益都漏籍戶四千淘金登州棲霞縣

每戶輸金歲四錢此于氏所謂歲定金額者也

萬里沙

窪樽○太平寰宇記作汚樽音義與窪同

五龍山

西有荊山寰宇記作萑山爾雅萑山萑者是也○按寰宇記萑山多雚茶爾雅云雚山萑也今于氏不言山多雚茶而但引爾雅釋草之文非寰宇記本義矣雚音育本或作雚傳寫之譌

甲山

水經注萌水出般陽西南甲山東北入瀧水○瀧今本作隴朱謀㙔箋云疑當作瀧水有籠雙二音按水經

注近世絶少善本于氏所見蓋與今本不同第二卷
籠水條下放此

華不注山

左傳從齊師至于靡笄之下則此山亦名靡笄○顧氏
曰齊乘華不注亦名靡笄山非也左傳云從齊師于
莘云六月壬申師至于靡笄之下云癸酉師陳于鞍
曰逐之三周華不注曰丑父使公下如華泉取飲其
文自有次第鞍在華不注之西而靡笄又在其西可
知金史長清縣有劘笄山○又按史記晉世家晉伐
齊戰靡下徐廣曰靡一作歷故或以歷山爲卽靡笄
山要之非華不注之異名也

東龍洞山

宋封靈虛公○按宋元豐二年封龍洞神爲順應侯敕牒碑今尙存豈元豐後又加封公號與

亭山

桀死處○按尙書正義曰周書序有巢伯來朝鄭元云南方之國桀之所奔蓋彼國也以其國在南故稱南耳是則桀奔巢國加南字以別于北方之巢有巢氏都或云在琅邪或云在隰州其不在齊地明矣于氏多附會此尤其顯然者

齊乘卷之二

益都于欽思容纂

益都水

濰水○水經云出琅邪箕縣濰山許慎呂忱云箕屋山淮南子云覆舟山廣異名耳實一山也（今清風山）在莒州莒縣北百里漢箕侯國地東北流逕仲固山折泉水入焉折泉出松山漢有折泉縣又東北逕密州城西折而北涓水合扶淇水入焉涓水出馬耳山扶淇出常山竝見水經今名孛齊河又北盧水入焉盧一名久台（音怡）水出盧山漢横縣之故山也（道元謂盧水側有不灰木野火燒死炭不滅）又東北至巴山密水入焉密又名百尺有二

源一出障日山東坡所謂小峨嵋者一出五弩山（今作鹵山）又東北浯水入焉浯出高柘山（高柘山今名臺頭 浯水今名南清河）東北納荆水（三齊記昔人堰浯入荆溉稻田萬頃）荆水出荆山逕平昌故城臺下合雹泉入浯（道元謂潍水過平昌臺下有井與荆水通有龍出入其中土人謂其城曰城陽城臺曰城陽臺雹泉者泉湧如雹有龍祠宋封靈霈侯疑卽古龍井）又北逕龍且冢（冢在潍水東岸五里）淮陰囊沙處也道元謂高密碑產山西古人堰潍水以溉田散流入夷安潭亦此地（今高密西有古堤南起岑冢北亙蔡冢長三十餘里謂是岑彭與蔡伯喈冢非也正古堰遺跡土人名曰趙貞女防夷安潭今名都濼古奚養澤也）又北逕城陰故城西又北至安丘東北古淳于城側汶水入焉又東北過昌邑又東北入于海（漢志潍或作淮故俗亦名淮河）

淄水○書傳曰出泰山郡萊蕪縣原山之陰東至博昌入海按地志水黑爲淄元和志云俗傳禹理水功畢土石黑數里之中波流皆黑故謂之淄水也出今益都縣顏神鎮東南二十五里岳陽山東麓地名泉河古萊蕪地岳陽卽原山也東北流逕萊蕪谷又北逕馬陵俗名長峪道按此卽晉郤克追齊至馬陘賈逵曰一作馬陵俗以爲龐涓之馬陵非是出峪東流聖水入焉聖水出冢桑谷又曰神泉列仙傳鹿皮公所飮者見水經又東北逕牛山折而北天齊淵水入焉又北漸平聲臨淄東城又東北逕安平故城北又東北逕樂安縣東古廣饒地又北入巨淀今清水泊又北出注馬車瀆今高家港合時水入海淄多伏流俗謂上下有十八漏按通志略曰杜

預謂淄入汶班固謂淄入濟桑欽謂淄入海考其形勢當以杜爲正豈其然乎諸說惟桑氏爲有據不特此耳宜其以水名家也

時水○通志略曰一名耏襄公三年齊晉盟于耏是也其源岐淺多涸竭又名乾時莊九年公與齊侯戰于乾時是也道元曰時水出齊城西南廿五里平地出泉卽如水也水色黑又名黑水今按時水之原南近淄水詳其地形水脈蓋伏淄所發土人名曰烏河西北逕黃山又北逕愚山又屈而逕杜山澅水入焉澅出臨淄西南十八里所謂澅中孟子去齊三宿出晝故又名宿留水俗謂之泥河又北逕臨淄城北系水入

焉系出臨淄城西申門即申池水也門側小阜曰包山俗又名包河並城北流分爲二俱入時一支逕梧臺前西入者曰系水一支遶至博興東南李監橋入者曰澠水詳見澠水條時水又北至般陽新城縣東南索鎮口下可通舟檝又北至博興南地名灣頭濼水會焉濼即小清河又東逕利縣故城在樂安西又東逕樂安縣北又東北由馬車瀆入海水經謂時水自西安城南石羊堰分爲二支津西北合黃山之德會水黃阜之南五里泉至梁鄒入濟旱則涸竭此乾時也今不通矣欽嘗自濟南護先妣喪由小清汎舟東下至博興泝時水南上至索鎮而登陸去益都僅九十里耳

益都衆水惟此通舟未嘗淺涸焉

澠水○水經註澠水出臨淄縣北世謂之漢溱水逕博興縣南貝丘齊侯田見公子彭生處又西北入時水昔晉侯與齊侯宴曰有酒如澠指喻此水也卽今臨淄西門申池水北流者勢極屈曲俗稱九里十八灣過梧臺北小泥河入焉泥河出梧臺下又北至博興李監橋入時水此正澠水也魯仲連謂田單黃金橫帶騁乎淄澠之閒此水與淄東西竝流臨淄介其閒故齊侯有酒之喻田單馳騁之地淮南子謂淄澠合流易牙嘗而別之者皆指此水也古諺謂瘦馬不渡澠南燕李宣謂澠水不冰良由逼帶京城者乃濁水

耳詳見濁水條

巨洋水○水經云出朱虛縣東泰山國語謂之具水袁宏謂之巨昧王韶以爲巨蔑或曰朐瀰或曰沭實一水也今謂之洱河出沂山西麓卽東泰山也東北流至臨朐縣東南熏冶泉入焉熏冶出縣南西溪又北沙河出東阜下北來入焉又北至臨朐城東逕覆釜山又北逕委粟山（水經云孤阜秀出形如委粟今名粟山）又東北石溝水入焉石溝出逢山東北石澗中（山卽石膏山麓三成）水經名北洋益因巨洋在南也又東北龍岡水出臨朐東北窑山東來入焉又北過益都府城東北建德水合南陽水入焉建德水出府南七里澗俗名七里河水東

猶有建德村道元云建德出逢山邳泉出平地今按平地之邳泉在建德水源之東北入建德非入巨洋也南陽水見後條又東北康浪水入焉道元云康浪出劇縣西南嵎山西流入巨洋即今香山南狗王河三齊略曰康浪水在齊城西南十五里康衢側甯戚扣牛角歌于此今臨淄西南泥河潚水皆微細且歌云中有鯉魚長尺半此水豈足當之寰宇記又謂康浪水在淄州皆不可信當從水經云又北逕巨昧店耿弇追張步處又東北逕辟閭渾墓俗名釣魚臺又東北逕故益縣城古別出一支爲百尺溝道元謂西北入巨淀者此溝也今廢又北逕壽光縣東北水經云舊有孔子問經石室即蒼頡墓也堯水入焉堯一名埶又名青出府東南七十里角崩山又東北由黑冢泊入海黑冢泊述征記謂之烏常泛齊人名湖爲泛冢即秦皇望海臺也余按漢志石

膏山洋水所出東北至廣饒入巨淀即此水也但因北洋而誤其源因支津別出而誤云入巨淀會肇南洋橋記乃以洋爲南陽非也洋爲齊之大川故以巨名道元所謂羣書盛言孟堅不應捨大而志小

南陽水○水經註長沙水出逢山北阜世謂之陽水北注濁水通名爲陽而有南陽北陽之論又云逢山即石膏山麓三成壁立直上余按南陽水出府城西南二十五里石膏山即逢山之西麓也東北逕廣縣故城西又東北石井水注之水出劈頭山北流注井積石高深瀑布而下故曰石井亦謂之石子澗即今之瀑水澗也時有通塞南陽水又北而東貫益都南北兩城閒西逕表海

亭東逕故城陽王廟基古人自廟東堨斷使北注濁
水今復東流十五里合建德水入巨洋
北陽水○漢志曰爲山濁水所出東北至廣饒入巨淀
水經謂之北陽亦謂之澠水出府城西南三十里九
回山俗名九扈古廣縣爲山也東北逕五龍口又北逕廣
固廢城行於絕澗之底水激而岸峻古諺謂瘦馬不
渡李宣謂逼帶京城皆指此也又北逕堯山東至東
陽城北又東北逕石槽城又東北逕臧臺又北至樂
安東北獾河口合女水女水後條又東北入巨淀○曾肇
南洋橋記曰俗呼洋水有二曰南洋河今橋所在是
也曰北洋河距城北二里者是也北洋傳記無文今

出九回山入淄水（此水不入淄）在齊記謂之澠水道元則曰羣書盛言洋水出臨朐陽水導源廣縣兩縣雖鄰川土不同於事疑焉然則洋分南北當後魏時已不能知況後世哉今辨之曰羣書盛言出臨朐者此巨洋也漢志失其源委耳南陽自爲長沙水北陽自爲濁水導源廣縣者是也曾氏乃因漢志石膏山之洋水而以陽爲洋誤矣蓋石膏山與逢山連麓長沙水（即南陽水）出其西石溝水（即北洋水）出其東洋水自出臨朐沂山漢志讀如詳與蜀之洋州同音故水經稱洋水則有巨洋北洋稱陽水則有南陽北陽稱南洋者無之俗所誤矣四水雖以音同致疑源流可攷惜乎曾氏

之不察也

天齊淵○漢志曰齊所以爲齊以天齊也秦祠八神一曰天主祠天齊天齊淵居臨淄南郊山下五泉竝出南郊山卽牛山也按此淵在臨淄東南八里淄水之東女水之西平地出泉廣可半畝土人名曰龍池西南流入淄水牛山在淄水南遙以爲志耳蘇林註曰當天中央齊也顏監曰謂其衆神異如天之腹齊齊記補引晏子曰吾聞江深五里海深十里此淵與天齊淵中浮出瓦有天齊字魏永平中水潰出木五北齊天保中又出木四皆五采類松柏而香構亭水上臨淄俗上已祓禊于此有神祠曰休應之廟余按六

書故齊本作𠫼亦作亝象禾穀之秀齊也引之爲整齊齊一又爲國名借爲人之腹齊莊子達生篇曰與齊俱入與汨俱出齊者水之旋紋今人謂之旋窠狀類腹齊豈淵泉竝出旋流如齊以其祠天稱曰天齊邪抑天然淵水猶曰齊之天淵云耳且臨淄非天地之中何謂天之腹齊深與天齊尤覺誕妄

女水○水經云出東安平縣蛇頭山又名鼎足山今臨淄東南十五里俗呼二王冢者因山兩墳謂是桓公與其女之冢水出冢側因以名焉然此水通塞不常出則逕石槽城東北入北陽水水經云女水至安平城南伏流十五里然後更注陽水今石槽城古安平東

北平地出泉俗名馬臺河至樂安東北獾河口合北陽水入巨淀土人云此卽二王冢水伏流者未知是否齊記補引黃石公記云東海龍女隱于此石室尚存將還作此水甚有神焉化隆則水生政薄則津竭述征記亦有此說恐未必然通鑑作汝水南燕汶水竭卽此水也

汶水〇水經出朱虛縣小泰山今沂山絕頂穆妃陵側有瀑布泉懸百丈崖而下卽汶水也東流循鳳凰嶺折而北逕大峴山陰峴水入焉穆陵關北之水又北逕蔣峪口有水出峪中西來入焉水經有峿山水以爲汶源疑卽此水又北逕龜山陰山形如龜臨水乃折而東逕柴阜水經注阜南管寧冢阜北邴原冢

又東北逕安丘南牟山（水經注山西孫嵩冢）又東北逕安丘城西又東北入于濰（水經注古淳于縣濰汶交會處是也）顏監曰前言汶水出萊蕪入濟今此又言出朱虛入濰將桑欽所說有異或者有二汶乎余按入濟之汶見禹貢論語之汶上書傳謂之北汶即今大清河入濰之汶見漢書入沂之汶見水經齊有三汶清河爲大（述征記泰山郡水皆名汶有北汶嬴汶柴汶牟汶皆源別流同又在三汶之外）

丹水〇竹書云堯放丹朱于丹水朱虛縣有丹山一名凡山黃帝所禪又名堯山下帶長阪曰破車峴東西二丹水出焉記謂丹朱弄兵之所今按西丹出丹山在臨朐縣東北三十里東丹出方山在丹山東北（寰宇

記丹山角崩方山遠望正方二水皆北流至昌樂廢城西北乃相合通名爲丹河北入于海寰宇記丹水入昌樂縣界引以溉田今按齊地衆水可引溉者極多古人陂渠遺跡猶有存者自金人入中原民俗偷惰爲政者何慮及此然則史令所譏豈特西門豹也哉

白狼水○水經註出丹山逕北海郡城東入別畫湖亦曰朕懷湖東北入海余按白狼有二源一出丹山隋志作白狼山一出北海縣南小王莊平地泉湧如輪上源合此始大逕濰州東門外古有石梁金泰和間僧普濟所修遺迹尚存又東北過寒亭合溉水入湖由湖入海溉水出塔山寰宇記云山形如塔又名溉源山卽今東虞河以州西有西虞河故此云東西虞出黃山又有朱流河出

方山七里河出蒙姑山三水皆在州西北流入海
巨淀馬車瀆○漢志曰爲山濁水所出東北至廣饒入鉅定又曰馬車瀆首受鉅定東北至琅槐入海定作淀水澤名縣因氏焉卽今樂安東北清水泊也北出爲馬車瀆今高家港也淄水濁水入巨淀時水入馬車瀆同歸于海南洋橋記乃以鉅定爲巨洱河今巨洱自壽光東北入黑冢泊巨淀馬車在壽光西北相去六十餘里不合漢書首受鉅定之文濁水亦無入巨洱之理曾子開誤矣溝洫志東海引鉅定溉田鉅定澤名東海無此澤寰宇記膠水南定渚渠卽漢武所耕處非東海地
膠水○水經云出黔陬膠山今膠州膠西縣西南鐵橛

山也北逕密州東北鹵山古名五弩山鹵水入焉寰宇記膠水出密州諸城縣東嵯山或亦曰膠水出鹵山皆非是又北逕高密縣東北入都濼都濼者水經謂之夷安潭秦地圖謂之劇清池卽古猰養澤也張奴水出高密東阜下亦注此澤自澤北出注新河張奴水一名墨水水側有張奴店由河北入于海其東北入海者膠水之故道差淺而新河為經流新河者至元初萊人姚演建言首起膠西縣東陳村海口自東南趍西北鑿陸地數百里欲通漕直固海口數年而罷余嘗乘傳過之詢土人云此河為海沙所壅又水潦積淤終不能通徒殘人耳演眞鄭國之罪人也

姑尤水○左傳昭二十年姑尤以西注齊東界姑水尤水皆在城陽郡東南入海今按沽水有二曰大沽河出黃縣南蹲狗山俗名狗兒山曰小沽河出萊州南馬鞍山二水俱南流逕膠水縣東南朱毛城東朱毛即古即墨城乃相合通名爲沽河至膠州東南入海沽水起北海至南海行三百餘里絕齊東界故曰姑尤以西尤即小沽河耳

沂水○鄭康成云沂水出沂山水經云出蓋縣艾山寰宇記艾山一名臨樂山在新泰縣東北三十里道元則曰沂有二源一出祚泉山一出魚窮山余按今蒙陰縣東北地名南河川小阜之下有曰狗泉泉傍神祠塑黑狗不知何據疑此則臨樂山也此沂源

也東南逕馬頭固山有泉東流與之合北望沂山五十里殊無別源據周禮沂山因沂水得名康成又齊之大儒不應有誤疑沂山水源古流今竭耳沂水過馬頭固南流逕蓋縣故城又南至沂水縣城西又南至河陽村桑泉水西來入焉道元云桑泉出五女山南流納堂阜水即今蒙陰東北惲阜大小二河也又南合蒙陰水通名爲汶河東注沂（水經桑泉亦稱汶故今云）水又南逕諸葛城又南逕王祥墓孝感水入焉其水出墓西戚溝湖剖冰躍鯉之地又南至沂州城東小沂水西來入焉小沂出蒙山西東過費縣神山納祊水祊出縣南關陽川至沂州西又分爲涑水涑自州城

西小沂自城北俱入沂宋慶歷間沂州修城碑云大小二沂環流外轉而小沂尤端于西北平日波如簟紋清淺可愛及山雨水至如百萬陣馬摩壘而來謂此水也沂水又南分流入三十六穴湖東通沭水詳見沭水條又南逕古郯城又南至下邳入泗下邳古城在今邳州南道元云沂水至下邳分爲二一自城北趍西南入泗一自城之東南入泗東沂水上有橋郡國志謂之長利池徐泗間呼爲圯音怡橋也子房遇黃石公進履處今入泗者西沂耳

沭水○水經註大弁山與小泰山連麓沭水出焉大弁今訛作大屏漢志謂之術水元和志云俗名漣水出沂山東

麓逕大峴山峴水入焉穆陵關南入沭之水又南至老牛嶺嶺長二十五里折而東逕嵜山嵜水入焉嵜水出嵜山水經謂之箕水又南至洛山洛水西來入焉洛水出壇頭山又南逕莒州城東又南沙河水西來入焉沙河首受西湖水湖受黃華諸水皆莒城西北羣山泉瀦爲湖又南溫泉西來入焉泉出沂州東北湯山古名溫水阪鼎足三穴沸如湯道元謂西入沂非也又東逕倉山道元云山上有鹽官城即漢封劉釘之利城武陽溝水出此東入沭今屬贛楡縣馬嶺羽山殛鯀山也元和志在臨沂縣東南百十里是也由吾寰宇記巨平山南有由吾廟隋文帝徵道士由吾拜諫議大夫卒葬此山水經又云沭水逕司吾山東疑即巨平山也漢有司吾縣羣山聯絡沭東沂西夾山而行山峽之間有山口池者俗云禹鑿沂水由三十六穴湖貫此峽口

與沭相通道元謂辟陽水首受葛陂水入沭者蓋此水也今沂州東北有葛溝也又南至沭陽縣入桑堰湖烏侯切道元謂桑堰水出襄賁東入沭湖因此名元和志云碩濩湖在沭陽縣東八十里與朐山漣水三分湖爲界今訛作桑口湖由湖東出入于海

沭水至此正名漣水故縣氏焉道元又謂沭水下流古分爲二今名南漣北漣魏正元中齊王鎮徐州立大堰遏水西流兩瀆之會置城防之名曰曲沭戍其流西入淮陽由下邳入泗余按宋金相拒宋人亦堰此水乃防北敵遺迹在今海寧沭陽界中

迦水○音加俗作去聲讀迦水有二東迦出沂州西北其山城內普照寺有金僧居山頌碑作其山南流至卞莊站國初立站今廢東分一支入芙蓉湖溉田數千頃湖在沂州東南芙蓉山下香

粳鍾畝古稱琅邪之稻卽此西泇出嶧州東北抱犢山東南流至三合村與東泇合又有魚溝水出浮丘山合于此故名三合南貫四湖溉田倍芙蓉又南合武河入于泗謂之泇口淮泗舟楫通焉元和志云承縣界有陂十三所皆貞觀以來修立以溉田者今沂嶧二州仰泇承二水溉田青徐水利莫與爲匹皆十三陂之遺迹也武河者疑卽漢志冠石山之武水水經亦謂之小沂上流有故渠俗名文河土人云浚此渠六十里使武河通沛可避呂梁徐洪之險而徑達新濟矣徐邳人恐徙河無業每沮之

承水○音澄漢縣名 元和志云承縣以西北承水得名寰宇

記云承治水出縣西北方山王莽改承縣爲承治故水有此名今又訛爲承治本出嶧州北六十里花盤山之東梢峪源曰滄浪淵淵旁有龍祠宋政和間賜額霖澤廟其水南流合許池泉今滄浪淵水微細不及獨許池爲正源矣承水又南逕州城西門又南納金注河又東會武河南入于泗承水溉田千餘頃旁多美竹人賴其利

南梁水○後漢志魯郡蕃縣蕃音皮有南梁水道元曰蕃縣東北平澤泉若輪焉南鄰于漷亦謂之西漷水首受蕃縣西注山陽湖陸二水皆由沛入泗今按南梁水出滕縣荆溝村西南流至滕州東門外折而過城

北又西入山陽湖山陽俗曰刁陽由湖南出注于泗南有薛水即古漷水出州東高山春秋魯取邾田自漷水杜註水出東海合鄉縣西南經魯國至高平湖陸縣入泗蓋此水也又有沙河水出鄒嶧山皆西南流至山陽湖與南梁相合同入于泗名三河口

般陽水

籠水〇水經註作瀧水南出長城中寰宇記云古名孝水齊有孝婦顏文姜事姑孝養遠道取水不以寒暑易心感得靈泉生于室內文姜常以緝籠蓋之姑怪其須水即得値姜不在入室發籠觀之水即噴涌壞其居宅故俗呼爲籠水今孝婦河也出益都縣顏神

鎮孝婦祠下古齊長城踰泰山東亙于此西逕萊蕪山陰北注般陽城西般水入焉般亦名左阜水出淄川縣東南龍山龍灣洞俗名頭河西北流至般陽城東分爲二一支逕城南一支環城西北俱入籠故水經云般陽縣在般水之陽也籠水又北逕長山縣西又北逕鄒平縣東裳河水入焉裳水俗名沙河出長白山葫蘆峪水經謂之魚子溝又北逕新城縣西又北入小清河

濟南水

濼水○源曰趵突流曰濼東導曰小清曾南豐齊二堂記曰泰山北與齊東南諸谷之水西北匯于黑水之灣又西北匯于柏崖之灣而至于渴馬之崖則泊然而止今黃山下自崖

以北至于歷城之西蓋五十里有泉湧出高或致數尺名曰趵突之泉齊人謂嘗有棄糠于黑水灣者見之于此其注而北則謂之濼水春秋桓公十八年會齊侯于濼是也今府城西平地泉源觱湧雪濤數尺聲如隱雷旁合馬跑金線諸泉周可數畝北出又合蜜脂五龍衆泉竝城北流屈而東至城北北水門大明湖水出而注之東北至華不注山合華泉即齊頃公下如華泉取飲者三齊記云歷山下有無底井與此泉通山之西南引水溉田水經謂之歷水陂餘波西注大淸曰聽水即今之響河古濼水自華不注山東北入大淸河僞齊劉豫乃導之東行爲小淸河自歷城東逕章丘鄒平又東逕般陽之

長山新城又東逕高苑至博興合時水東北至馬車瀆入海曲行幾五百里故自濟南東傅博興南源衆水古入濟者今共入小清焉○小清爲運鹽河初行高苑縣北金皇統間縣令高通改由縣南長沙溝然此水迂曲上流岐淺鹽舟多梗議者欲引孝婦水西注上流非計也葢小清舟不過欲達大清耳若自博興引渠至蒲臺立堰平原僅五十里徑達大清矣

大明湖○水經註濼水北爲大明湖西有大明寺水成淨池池上有亭湖水引瀆東入西郭而側城北注又上承東城歷下泉源競發北流出郭注濼水詳此則大明湖亦源于濼城西五龍潭側古有北渚亭豈池

亭遺跡邪湖今在府城內周十餘里卽歷下泉源競發北流出郭者也歷下名泉有曰金線（趵突東）曰皇華曰柳絮曰臥牛（金線東）曰東高曰漱玉（金線南）曰無憂曰石灣（趵突南）曰酒泉曰湛露（無憂西）曰滿井曰北煮糠（趵突北）曰北珍珠（白雲樓前）曰散水曰溪亭（北珍珠東）曰濯纓（北珍珠西）曰灰泉（濯纓西北）曰知魚（灰泉東南）曰朱砂（灰泉西府城內灰泉最大自北珍珠以下皆匯于此周回廣數畝當是大明湖之源也）曰劉氏（北珍珠西北）曰雲樓（劉氏南）曰登州曰望水（萬竹園內）曰洗鉢（登州東北）曰淺井曰馬跑（洗鉢西南）曰舜泉（舜祠下）曰香泉（舜泉西）曰鑑泉（舜泉南）曰杜康（南舜廟）曰金虎曰黑虎（李承務巷）曰東蜜脂（金虎西南）曰西蜜脂（東蜜脂西）曰孝感（孝感坊內）曰玉環（同知巷前今憲衙街）曰羅姑（場行街東）曰

涅沙曰灰池城西南角場下曰南珍珠鐵佛巷東曰芙蓉姜家亭前曰滴水又名清泉西務北曰灰灣曰懸清城西五龍堂東曰雙桃城西丁字街北曰溫泉城西石橋北城下曰汝泉神童寺內曰龍門一名龍泉神童寺東曰染池龍門東曰懸泉中宮東曰都泉中宮東南曰柳泉曰車泉中宮東逹東莊曰煑糟四里山南曰爐泉南山下曰白虎曰甘露大佛山曰林汲佛峪內曰白泉王舍店北曰金沙曰白龍龍洞山中曰花泉張馬泊曰獨孤靈巖寺曰醴泉釁堂嶺北曰漿水盤水鎮東南曰南煑糠螞山窩北曰苦苣栁鋪東曰熨斗黎峪門家莊曰鹿泉石冏寨曰龍居長城嶺西合趵突百脈總七十二見名泉碑然逺至中宮靈巖諸泉具載而華不注之華泉明水鎮之淨明泉皆失不取況其名亦未甚雅稱葢殘

金俗筆欽嘗擬會波樓記略云濟南山水甲齊魯泉甲天下葢他郡有泉一二數此獨以百計濤噴珠躍金霏碧渟韻琴筑而味肪醴不殫品狀在邑者瀦市之半在郭者環城之三棊布星流走城北陬匯于水門東流爲濼竝于汶過于時入于海可槩見矣

百脈水〇水經出土鼓縣故城西元和志出亭山縣東北（亭山在府城東南九十里）源方百步百泉俱發故曰百脈卽繡江源也郡國志云十二斤溝俗名麻灣出章丘縣南明水驛明水一名淨明泉出百脈西北石橋邊其泉至潔纖塵不留土人以洗目退昏翳與西麻灣水合流三里餘入繡江乃東北流逕東陵山漸章丘東城

又北入小淸河縣東七里有楊緒水一名獺河水經云出逢陵故城西南逕章丘城北入濟水今按獺河出長白山之王村峪逕章丘東北入小淸河○曾南豐齊二堂記云泰山之北與齊東南諸谷之水西北匯于黑水之灣又西北匯于柏崖之灣而至于渴馬之厓泊然而止至歷城西湧出趵突之泉嘗有棄糠于黑水灣者見之于此其注而北謂之濼水齊多甘泉顯名者十數而色味皆同皆濼水之旁出者蔡氏援此以證濟水之伏破程氏之論當矣又取沈存中筆談謂歷下發地皆泉濟水經過其下自相矛盾何邪且古濟行淸河如在井底南仰泉源遥在山麓豈

能相及今黄山渴馬厓水伏而可證又龍洞山中朗公谷諸水東西伏流土人云西發趵突東發百脈驗之信然蓋歷下衆泉皆岱陰伏流所發西則趵突爲魁東則百脈爲冠地勢使然何關于濟存中得之傳聞九峯按圖索駿容有疑誤近官濟南者遂定以濼爲濟建濟瀆廟于泉上謬矣

巨合水○水經註巨合水南出雞山北逕巨里故城耿弇討費敢處又北合武原水入濟按巨里在歷城東七十里自宋爲龍山鎮巨合水出鎮南五十里曰榆科泉逕巨里西武原水出鎮南十餘里曰江水泉逕巨里東俗訛爲東西巨冶河俱北流五里餘乃相合

北入小清河巨合之得名以此道元云巨里三面有城西有深坑坑西即耿弇營蓋二水環繞因崖以城爲險固也

大清河○古濟今汶水經註濟枯渠注巨野澤澤北則清水巨野今梁山泊也北出爲清河古自壽張縣安民亭亭北對安民山今曰安山合汶水汶出泰安萊蕪縣原山之陽水經謂之北汶西南逕徂徠山陰又西逕泰山之陽漢武明堂遺跡臨水謂之石汶又西逕汶上縣北又西逕東平城南其西即安山閘閘下泥河口有亭子店古安民亭遺趾清濟與汶合處今閘清水南導任城則清濟不入汶汶自行古清河矣汶水又北逕漁山

東即瓠子歌之吾山在安山東有漢隄遺跡自西而東屬之麓山西曹子建冢山東漢黃河故渠又北逕陽穀縣西流水合狼水入焉又東北逕東阿縣道元云縣東北有清亭春秋隱四年遇于清以河得名也又東北逕平陰縣廣里保古齊長城防門河道所由春秋齊侯塹防是也廣里見水經又名光里又北逕巫山齊侯登以望晉師者俗訛作無兒山山上有石室水經謂之孝子堂今曰郭巨廟清水過此古爲湄湖又東北逕齊河縣縣南門外有梁跨水古朝陽橋遺跡耿弇渡處齊河縣在宋爲耿濟鎮沙溝水出山茌縣南來入焉今肥城縣東南有沙溝鎮以水得名又北逕上濼橋北濼水分響

河入焉古名聽水又東北逕華不注山陰又東逕下濼堰濼水舊入濟處堰南即小清河又北逕臨邑縣又東北逕濟陽縣又北逕齊東縣河間路屬縣古東鄒又東北逕蒲臺縣又東北逕高苑縣北又北逕利津縣城東又東北入于海水經云濟至古平安爲淵渚謂之平州沉又東北至琅槐鄉有古黃河通濟枯渠謂之濕河又東北入海元和志謂海浦浦旁有一沙阜高丈餘俗呼鬬口淀濟水入海與海潮相鬬故名淀上有井極甘海潮不能没朱子韓文考異曰按水經河水至東阿茌平等縣東北流四瀆津灌注之河水東分濟水受河菳滎口水斷不通始自是出與清水合昔趙殺鳴犢孔子臨河而歎作歌曰狄之水兮風揚波舟楫顛倒更相加歸來歸來胡爲期按臨濟故狄也是濟所經

得其通稱詳此則是濟水自滎澤之下潛流至此四瀆津口而復出河又東分一支與之合流以過臨濟而爲狄水然此皆齊地在今濟鄆之閒史記以爲孔子自衛將西見趙簡子則其道不當出此此又不可曉者今姑闕之以俟深于地理者考焉欽按漢陳留郡平丘縣有臨濟亭故狄也蓋濟水出陶丘北南瀆被孟豬北瀆注巨野亭臨此瀆故曰臨濟春秋時狄人據此因以名焉此水夫子所歌至王莽時枯竭水經所謂濟枯渠注巨野者也其自巨野北出至四瀆津與河合流者乃齊之淸河水經所謂得其通稱者是也漢千乘別有狄縣安帝更名臨濟唐又別以漢

東朝陽爲臨濟今章丘之臨濟鎮也文公葢疑于此云

古河○朱文公九歌註曰禹治河至兗州分爲九道以殺其溢其間相去二百餘里徒駭最北鬲津最南徒駭是河之本道東出分爲八枝也胡氏大記曰大陸澤北九河之地平延漫流易淤故禹多與之地使下流通曠齊桓擅一時之利適河行徒駭因以八河之地充樹藝立城邑下流始迫溢爲患欽按河過大陸趨海勢大土平遷徙不常自播爲九禹因而疏之非河獨行經流禹于旁近支鑿以殺其溢也禹後歷三代至齊桓時千五百餘年矣支流漸絶經流獨行亦

理勢如此非齊桓冒曲防之禁故塞九河實九河自爲平陸可樹藝耳至定王五年河遂南徙砱礫漢世漸決而南元帝永光中決于清河分流入博州後又決于平原乃東入靑齊二州之境遂由漯川與濟並行入海宋紹熙以後乃南連大野幷泗入淮金初又改由渦近歲復由泗入淮河濁淮泗俱淸淸淮勢大可以吞伏故下流無淤塞之患惟汴宋之郊盤屈平壤潰決如故自定王以來又千五百餘年河自北而南徙千餘里今按桑田之地講求變遷之陵谷欲盡合古書難矣漢世去古未遠河隄都尉許商言九河故道謂徒駭在成平（金獻州樂壽縣景城鎭古有成平城）胡蘇在東光

今景州東光縣東連滄州古有胡蘇亭鬲津在鬲縣德州有鬲縣城曰太史曰馬頰曰覆釜在東光之北成平之南曰簡曰潔曰鉤盤在東光之南鬲縣之北斯言簡而近實後世圖志雖詳反見淆亂欽嘗往來燕齊西道河間東履滄熟訪九河故道蓋昔北流衡漳注之今之御河漢初猶入河漢魏時名漳水隋唐以來名御河河既東徙漳自入海安知北流之漳非古徒駭河歟宋會要神宗熙寧三年議開御河臣寮奏云可于恩州武城縣開約二十餘里入黃河北流故道下五股河詳此則御河入黃河北流故道無疑也踰漳而南清滄二州之間有古河隄岸數重地皆沮洳沙鹵太史等河當在其地滄州之南有大連澱今曰大梁五龍堂宋碑作大連疑即隋末羣盜所據之豆子䴚也西踰東光東至海此非胡蘇河歟澱南

至西無棣縣百餘里間有曰大河曰沙河皆瀕古隄縣北地名八會口土人云因河會得名縣城南枕無棣溝茲非簡潔等河歟無棣溝通海隋末廢塞唐薛元鼎開之百姓歌曰新河得通舟楫利直達滄海魚鹽至昔日徒行今騁駟美哉薛公德滂被凡此溝澱今皆爲鹽司堰塞平時潴水不通纔遇霪雨水即潰溢故河間清滄之地常被水害無有寧歲吾友伯答爾都水嘗言撥丁河數塲鹺課與山東運司帶辦廢堰泄水則河間永無患矣執政無識竟沮之良可歎矣東無棣縣北有陷河闊數里西通德棣東至海茲非所謂鉤盤河歟德州有盤河鎮濱州北有土傷河西踰德棣東至海茲非鬲津河歟土傷河最南比他河差狹是爲鬲津無疑也所謂土傷者土人云昔日戰塲因傷賢人故云按水經漢安帝時劇縣賊畢豪等乘船寇平原縣令劉雄門下小吏所輔浮舟追至厭次津戰敗爲賊所擒輔求代雄豪縱雄殺輔于此津葢此河也蔡氏書傳乃

曰自漢以來講求九河皆無依據祖王横之言引碣石爲證謂九河已淪于海欽按禹貢文北過洚水至于大陸又北播爲九河同爲逆河入于海大陸在邢趙深三州之地爾雅之廣河澤也去海岸已數百里（大陸又曰鉅鹿呂氏春秋曰鉅鹿之北遂分爲九河路史云九河始元城大名縣西三里有故瀆鄭夾漈謂大陸非趙地之廣河澤乃汲郡之吳澤也如此則又遠之矣）又東至海中始敍九河則大陸與九河相離千里如是之遠而絕無表志不合禹貢之文其不可信一也王横謂海溢出浸數百里而青兗營平郡邑不聞有漂沒之處而獨浸九河其不可信二也今平原迤北滄瀛之閒雖爲樹藝城邑相望而地形河勢高隱曲折往往可尋但禹初

爲九厥後或三或五遷變多寡不同必欲按名而索故致後儒紛紛之論不得不辨

海○海岱惟青州謂東北跨海西南距岱跨小海也本名渤海亦謂之渤澥海別枝名也蓋太行恆嶽北徼之山循塞東入朝鮮今高麗海限塞山有此一曲北自平州碣石南至登州沙門島是謂渤海之口闊五百里西入直沽幾千里焉漢王横乃謂九河之地淪爲小海然則唐虞之時青州跨海者跨何海邪且海溢出浸數百里河自秦漢以來青兗營平郡縣不聞有漂沒之者足證横失海溢者有之横言之過也近世蔡氏書傳金履祥通鑑前編皆祖横說又謂小海所

淪青兖北境悉非全壤豈二州北境有荒漠棄地爲海所漸而歷代信史不之書邪無是理也葢因委九河於海中指碣石在海外遂有此論今青境無缺茲不必辨古兖之地自今濟南以西北包濱棣滄瀛帶雄鄚西襟深冀南遶曹濮東括魯鄆四至亦不狹矣在春秋戰國其地瓜分後世從而小之未詳考也金氏又云碣石有二在高麗者曰左碣石在平州者正禹貢之右碣石也乃今沙門島對岸之鐵山正當渤海之口果爲右碣石則唐虞之時青兖東北直岸大海無渤海矣此又可信邪今齊境東南則日照即墨膠州正東則寧海登州皆岸大海東北則萊濰昌邑

正北則博興壽光西北則濱棣二州皆岸渤海云

齊乘卷二

錢唐周嘉猷兩塍校

齊乘卷二考證

濰水

折泉水入焉○漢書地理志王子侯表並作折泉水經注及太平寰宇記作析泉第四卷折泉城放此

漢志濰或作淮故俗亦名淮河○顧氏曰濰水土人名爲淮河齊乘諸城志云云並誤諸城志謂水從樓根出故以音同呼爲淮河

愚按古人省文濰字或作維或作淮總一字也漢書或作淮者从水从鳥隹之隹卽濰字而省其中糸耳今呼爲淮則竟爲江淮之淮从水从佳人之佳差之毫釐失之千里矣○地理志琅邪郡朱虛下箕下作維靈門下横下折泉下作淮序文引禹貢惟甾其

道又作惟一卷之中異文三見其旁並从鳥隹之隹
則一爾
時水
道元曰時水出齊城西南二十五里○近刻水經注作
西南北二十五里字衍北戴東原訂本作西北誤
石羊堰○今水經注本作石洋
巨洋水
王韶以爲巨蔑○當作王韶之
石溝水水經名北洋○按水經注以石溝爲漢志之洋
水無北洋之名道元謂巨洋又東北洋水注之自以
東北二字相屬爲文非云北洋也于氏蓋緣此致誤

耳

堯水一名甤又名青○按水經注堯水即甤水北逕𡶶山東俗亦名之爲青水矣青水館本據永樂大典作青山則是𡶶山之異名非堯水之别號矣

南陽水

石井水出劈頭山北流注井積石高深瀑布而下故曰石井郎今之瀑水澗也○按石井水有二源其東源出李堡峪在劈頭山之陽峪南山俗名李僊山或云醴泉之譌也李僊山西阜之西爲黃峪西源所發也兩峪皆有石井窟穴深透村人略加椎鑿以通綆瓶而西源特盛當夏秋霖潦之時水溢出井西北流逕

故廣縣城東爲瀑水澗古名石井水者目其源也自水經注誤以積石瀑布爲井于氏因之非穴地出水之義矣

天齊淵

抑天然淵水猶曰齊之天淵云耳○按此條及浴革下並引漢志曰齊所以爲齊以天齊也若云齊之天淵則是以國名水非以水名國矣此可見著書不自牴牾之難也

女水

出蛇頭山又名鼎足山○元和郡縣志作鼎定山或傳寫之誤

通鑑作汝水○按女水無汝名通鑑文誤辨見胡身之
注

汶水

折而東逕柴阜水經注阜南管寧冢阜北邴原冢○據
水經注當云柴阜西南有管寧冢東有邴原冢

入濟之汶見禹貢書傳謂之北汶即今大淸河○此未
盡然辨見大淸河條下

入沂之汶見水經○汶非逕入沂此誤讀水經注也見
沂水條下

丹水

寰宇記丹山角崩方山遠望正方○按寰宇記引晏謨

齊記云劇城東南有方山遠望正方無丹山角崩之
文
膠水
直固海口○郎直沽已見釋音
沂水
道元曰沂有二源一出祚泉山一出魚窮山○按水經
注云沂水有二源南源所導世謂之柞泉北水所發
俗謂之魚窮泉俱東南流合成一川則柞與魚窮皆
泉名非山也柞書作祚亦誤
桑泉水出五女山南流納堂阜水又南合蒙陰水通名
爲洨河東注沂○按水經注桑泉水又東南與叟崮

水合水有二源雙會東導一川俗謂之浚水也東逕
蒙陰縣注桑泉水是酈注云俗名汶水者乃叟崮水
入于桑泉桑泉自入沂水今于氏以桑泉水爲汶故
前汶水條下云入沂之汶見水經誤矣

沭水

逕㟢山㟢水入焉○㟢當依水經注作箕
溫泉出沂州東北湯山古名溫水阪○溫水阪水經注
作溫泉陂
武陽溝水東入沭○據水經注當云西入沭
羽山元和志在臨沂縣東南百十里○按元和郡縣志
羽山在朐山縣西北一百里太平寰宇記兩載于朐

山臨沂縣下一云在朐山縣西北九十里一云在臨沂縣東南一百一十里于氏誤引作元和志耳

道元謂桑堰水出襄賁東入沈○今水經注本作桑堰水

魏正元中齊王鎮徐州○正元當作正光此沿水經注誤本而譌

泇水

武河疑卽漢志冠石山之武水○漢書地理志泰山郡南武陽下云冠石山治水所出南至下邳入泗應劭地理風俗記乃云武水所出水經注謂之異名也

南梁水

後漢志魯郡蕃縣有南梁水。郡當作國又按漢書地理志魯國蕃縣下云南梁水西至湖陵入沛渠濟渠之譌不應舍前書引後志也。范書無志劉昭取司馬彪續漢書志補之此條後漢志亦當作續漢書志

二水皆由沛入泗。沛當作濟字本作泲故漢書地理志及水經注並譌作沛以字形相似而誤

濼水

三齊記云歷山下有無底井與此泉通。太平寰宇記引作續述征記非三齊記也

華不注山之西南引水溉田水經謂之歷水陂餘波西注大清日聽水即今之響河。胡書巢歷城縣志曰

按水經注云陂水上承東城歷祀下泉陂本作湖并脫一泉字今依館本據永樂大典改正泉源競發其水北流逕歷城東蓋是時歷城縣故城甚小在今縣治西南偏不過今城三分之一所云左水西逕歷城北西北爲陂此則宋以後所稱爲大明湖者下方云謂之歷水與濼水會則二水皆在當日之城外明矣又云又北聽水出焉聽水自注巨合水入濟水經注甚明齊乘以濼之下流名曰響河者當之非也

大明湖

水經注云云。按水經注云濼水北爲大明湖湖水引瀆東入西郭東至歷城西而側城北注此言濼水匯爲大明湖又東北流也又云陂水上承東城歷祀下泉泉源競發其水北流逕歷城東又北引水爲流杯池分爲二水右水北出左水西逕歷城北西北爲陂謂之歷水與濼水會此言歷水受東城泉泉會于濼水也又云又北歷水枝津（此六字今本誤）首受歷水于歷城東東北逕東城西而北出郭又北注濼水此言歷水枝津入濼水卽上文所云右水北出者也敘次致爲明析而于氏此條所引于側城北注下徑接云又上承東城歷下泉源競發北流出郭注濼水是殆混大明湖與歷水陂而一之矣蓋思容知大明湖爲濼水所匯而不知今湖所在實古歷水陂與水經注之明

湖無涉故其說遷就附會不能了了耳陂水上承東城歷祀下泉今本譌作湖水故于氏誤以爲承上文湖水引瀆東入西郭而言也

湖今在府城內○歷城縣志曰水經注云濼水北爲大明湖則大明湖自在城西南蓋濼源左右前後發地皆泉其潴爲湖卽去濼源泉不遠今此地半爲衢肆蓋後人築土水中爲之耳求其地而不得乃以今城內之湖當之其誤蓋自金元以前矣

百脈水

楊緒水○今水經注作楊渚溝水按太平寰宇記及金史並作楊緒或古今本有不同第四卷甯戚城條下放此

大清河

古濟今汶○閻百詩曰自漢至隋唐惟有濟水杜佑始有清河之名宋南渡後始有大小清河之分齊乘以大清爲古濟水而以小清爲劉豫所導後人皆沿其說其實非也（禹貢錐指云清河東流既微故劉豫堰濼水使東以益之）以水經注元和志寰宇記諸書考之濟水最南濼水在中河水最北今者小清所經自歷城以東如章邱鄒平長山新城高苑博興樂安諸縣皆古濟水所行而大清所經自歷城以上至東阿固皆濟水故道而自歷城東北如濟陽齊東青城諸縣則皆古漯水所行蒲臺以北則古河水所經（此東漢以後之河至利津縣古千乘海口入海者也）蓋唐宋

時河行漯川其後大清兼行河漯二川其小清所行則斷爲濟水故道也○按汶水舊于東平州西南安民山入濟則由東阿而北東至博興入海者皆濟水矣濟水故瀆自壽張以上不可復尋水經注所謂枯渠注鉅澤北則清口者今其地已爲會通河所橫絶而汶水不復入濟會通河者元世祖至元二十年自濟寧開河至安民山導汶水入洸與泗沂會二十六年又自安民山開河至臨清分汶水屬之漳御以達天津通謂之會通河是時汶水既南北分流以資運道而濟水故瀆之東北出者所受汶水乃其餘波蓋大清河雖首受運渠實合東阿山中西流白鴈諸泉

及濟南諸泉峪之水以成巨川未可竟以汶水目之自杜佑通典謂清河爲菏澤汶水合流非本濟水于氏因之直云北汶卽大清河矣夫汶水自泰安至東平堰入運河自有經流而東阿膠井歷下濼源等泉昔人咸以爲濟水之伏則清河雖非滎澤陶邱之舊亦他水之所不得而亂也明永樂九年築戴村壩于東平盡遏汶水出南旺湖南流合泗沂者十之四北流合漳衛者十之六其由滅水閘以被于大清者涓流殆絶而歲旱運河乏水之時大清亦不聞涸竭豈可專汶之名哉

水經謂之北汶○按水經注汶水又南右合北汶水水

出分水谿所謂北汶者汶之別源非通名出萊蕪入濟者爲北汶也蔡氏書集傳始有北汶之目于氏誤舉耳

汶水又北逕漁山東○當作魚山从水誤

又北逕臨邑縣○按大淸河至歷城東北即入濟陽縣界不逕臨邑蓋臨邑漢漯陰縣地大淸所行爲漯水故道則臨邑本其所經自金初置濟陽縣分臨邑彊域之半而邑境無淸河矣

水經云濟至古平安爲淵渚謂之平州沉○今本無沉字戴本作坈乳勇切

朱子韓文考異云云○此條所引多誤以朱子原文校

之凡數事一原文引水經河水東北流四瀆津下接注云二字謂酈善長注文也今改作灌注之三字而删其釋四瀆之名者一原文孔子歌曰歸來歸來胡爲斯今誤作胡爲期一原文是濟所逕得其通稱也下接又云濟水逕臨濟縣南九字今删去一原文然此皆濟也今誤作皆齊地按孔子時大河過東昌堂邑縣西不逕茌平水經注以四瀆津爲孔子臨河不濟之地固非而其引臨濟故名狄縣則以見狄爲濟水所逕之通稱與所云濟水又東北過臨濟縣南者無涉而韓文考異乃云過臨濟而爲狄水此朱子之誤然云今在濟鄆之間是朱子蓋誤以臨濟在四瀆

津側非指千乘之狄縣而言其所疑者特以衛都濮陽爲今開州地四瀆津今屬長淸違在衛東孔子自衛適晉不應出此耳今于氏改濟也爲齊地則濟鄆竝不屬齊漢唐之臨濟縣一屬樂安國一屬濟南郡在宋爲淄齊二州地非濟鄆之閒也云文公葢疑于此失其指歸矣○又按自衛都適晉當由戚邑西渡河戚衛河上邑左傳襄公廿九年吳公子札自衛如晉將宿于戚是也故城在今開州水經注河故瀆東北逕戚城西非濟水所逕也于氏以爲漢陳留郡之平邱在今陳留縣北九十里漢縣至晉廢水經濟水又東過平邱縣南注云故衛地也平邱之西北爲延津鄭廩延地自延津渡河而北卽晉朝歌矣孔子嘗過匡又過蒲皆

在今長垣縣又嘗至儀在今蘭陽縣則夫子或由衛西南境北至延津未可知也但于氏謂平邱有臨濟亭故狄也按平邱未嘗名狄續漢志注封邱有狄溝邱敗狄于長邱是也（左傳文公十一年杜云宋地）今封邱縣東有長邱亭與平邱接壤若取狄溝之名則不必云濟水所逕之通稱矣（封邱亦濟水所逕水經又東過封邱縣北是也）于氏泥酈注臨濟故狄之文因展轉致誤如此

古河

至定王五年河遂南徙砱礫○按此沿蔡傳之誤以砱礫為地名不知何據漢書溝洫志賈讓奏言滎陽漕渠足以卜之如淳曰今礫谿口是也水經濟水又東

圭礫谿南酈注云世謂之礫石澗初無砱礫之目蓋
漢書誤本今譌作令遂加石作砱以配礫字爲地名
耳實則礫谿口亦非春秋時河徙之地也
曰簡曰潔○潔爾雅釋水本作絜朱子孟子集注始加
水作潔蔡氏書傳因之非也

齊乘 卷三

齊乘卷之三

益都于欽思容纂

郡邑

禹貢别州以山川定經界後世地理家宗之漢志主于郡國凡山川事蹟附于州縣之内世史宗之齊乘者地理之書也其于山川則法禹貢尊之而未盡者依史例亦附見于郡邑之下云

益都路○禹貢青徐二州之域春秋戰國之齊及魯東楚北之境秦齊郡琅邪之地漢初子肥王齊有七十二城都于臨淄後置青州刺史領郡國有九此爲齊郡北海千乘及徐之琅邪東海郡地武帝封子閎爲

齊王策曰嗚呼小子閎受茲青社蓋古者以太社五色土隨方封國使立社故齊有青社之稱後漢魏晉又爲齊國樂安高密城陽郡地而青州刺史並理臨淄永嘉之亂刺史苟晞棄青州漢將曹嶷據之以臨淄平夷難以禦敵乃於堯山南築廣固城以居降于東晉尋爲石勒所陷後爲段龕所據自稱齊王慕容恪滅趙克青州苻堅并燕盡有齊地堅敗苻朗以州降晉改置幽州以辟閭渾爲刺史鎮廣固隆安四年爲慕容德所陷德都廣固稱南燕至子超爲劉裕所滅裕留羊穆之爲刺史夷廣固城而歸穆之乃築東陽城爲青州宋置青州初理歷城後理東陽又移理

臨淄後併冀州琅邪皆沒于元魏魏置青州及北徐州高齊因之宇文周并齊置齊郡樂安北海改北徐爲沂州隋竝廢之大業初復爲北海高密琅邪三郡之地唐武德二年置青州總管府領州八此爲青密沂三州屬河南道七年改爲都督府天寶元年罷都督府改爲北海郡乾元元年復爲青州置平盧淄青節度石晉開運初爲防禦州天福十二年復爲平盧節度宋爲青密濰沂四州屬京東東路淳化五年改青州爲鎭海軍按會要太宗命曹彬爲青州節度使中書奏云唐乾元中侯希逸爲平盧節度本平州之地屢爲賊所迫希逸率將士破賊又爲奚虜所侵乃拔其軍二萬餘人且戰且行達青州詔就加希逸爲平盧淄青節度使自是迄今淄青節鎭皆帶平盧之名今青州頗爲重地請以鎭海爲額

從之詔曰眷彼營丘控於東夏太公開四履之地小白舉九合之師忠烈猶存風流可尚宜改總戎之號用旌表海之邦青州平盧軍改爲鎭海軍開寶五年升密州爲安化軍節度元祐三年改安化爲臨海軍政和元年以青州爲齊郡金初屬僞齊後升爲益都府大抵魏晉已前青州總治全齊爲方牧之寄隋唐以降止同列郡故金太常卿范拱中和堂記云漢興田肯陳東秦形勝高祖納之大封同姓逮至有唐分天下爲十道以青隷河南止稱北海郡舉全齊之都會委之庶僚不擇重臣以爲方伯此規畫之失也宋懲唐失升爲帥藩總治八州由是益都復爲重鎭然不升府號尚處濟南東平之下亦未爲得也金于是始建府名立東路總

管以十三州隸焉愚按此說非是漢祖初定天下三
齊之地與關中懸隔千里非親子弟勿王徵信布也
然封三庶孽分天下半亦足致亂漢初制度未必盡
善唐之十道先儒謂遠不畔古近不違今其後禍亂
猶階藩鎮唐制豈短于宋乎國初沿金制以東齊業
李全父子遂致跋扈擇重臣爲方伯豈長策乎今益
都以東傅海皆割入寧海般陽南則益以滕嶧東西
不數百里南北僅千里焉此亦犬牙之勢也元領散
府一州十三縣三十六司候錄事司各四癸丑年廢
各州錄事司候入倚郭縣丁巳年行長山縣廢入高
苑縣至元二年割登萊二州八縣入般陽廢行淄州

淄川縣入益都縣行泰安州泰安縣入沂水縣蘭陵縣入嶧州三年廢益都散府入本路昌樂縣入北海縣九年割出寧海州及牟平文登二縣延祐三年增置蒙陰縣今領州八錄事司一縣二十一隸府者六隸州者十有五○東至即墨五百七十里西至般陽路一百四十里南至邳州七百八十里北至濱州利津縣二百一十里東南到淮安路海寧州六百四十里東北到海二百一十里西南到濟寧路八百里西北到河間路六百五十里到大都驛程一千三百五十里徑九百里○府城五門周二十里俗稱南陽城北城爲東陽城東西長而南北狹兩城相對抱陽如

偃月因陽以爲隍因其崖以爲壁葢古者合爲一城或皆羊穆之所築或後人增葺未可知也輿地記曰北齊移益都縣入青州以城北門外爲治所唐通典曰今之青州理在益都縣歐陽公表海亭詩註曰南洋北洋河一在州中一在城外曾肇南洋橋記曰東陽城府治之北城也由此推之明是一城古昔全盛之時初無棄地靖康兵燼之餘金人止據北城立府後徙南城遂爲瓦礫之區耳齊記補曰天會中北城頽廢移州治南陽城爲益都府愚按南陽酈道元通爲水名北齊嘗爲龍興寺名其爲城名不知所據天會金太宗之年齊記補謂是章宗時臨淄李餘慶之筆餘慶爵至開國編書如此則女直之文獻可知巳或

云後人託名以
傳未必然也

錄事司○司府城內戸役初本路及沂密二州皆設錄
事司濰膠莒滕四州皆設司候司癸丑年竝廢入倚
郭縣惟隨路置焉

益都縣 中 ○倚郭本漢侯國武帝封菑川王子胡爲益
都侯故城在壽光縣南今縣境乃兩漢廣縣地屬齊
郡晉廢廣縣曹嶷築廣固羊穆之築東陽皆其地元
魏於壽光益城置益都縣高齊移入青州城北門外
爲治所隋之北海郡唐宋之青州竝理此宋以前止
爲縣名金因升爲府號仍置縣屬焉國朝因之至元
二年廢臨淄臨朐二縣幷顔神鎭之行淄川縣入此

縣後復置臨淄臨朐二縣顏神鎮上設巡檢而來隸焉初以北門外爲治所後移府城

臨淄縣下○府北五十里古營丘齊都也晏子曰先君太公築營之丘謂築邑此地漢初齊悼惠王都此後置齊郡後漢魏晉爲齊國青州理此元魏爲齊郡高齊廢入益都縣隋開皇十六年移高陽縣理此改爲臨淄縣屬北海郡唐宋並屬青州金屬益都府國朝至元二年廢入益都縣十五年復置元和志云縣理即臨淄古城然則唐縣在古城今縣理小城相去僅十里疑亦金亂所徙

臨朐縣下○府南四十五里古伯氏駢邑縣北七里有伯氏冢通典云古東陽城一名几城左傳晏弱城東

陽者是也漢置臨朐縣屬齊郡以縣東朐山取名晉省入昌國縣隋開皇六年改爲逢山縣大業初改曰臨朐屬北海郡唐宋竝屬青州金屬益都府國朝至元二年廢入益都縣十五年復

高苑縣下○府西北百六十里漢初封丙倩爲高宛侯後爲縣屬千乘郡後漢晉屬樂安國高齊改曰長樂隋開皇十八年改曰會城大業初復曰高苑屬齊郡取高宛故城爲名唐宋竝屬淄州宋景德三年以縣置宣化軍熙寧三年軍廢縣復來隸卽縣置宣化軍使金亦屬淄州國初屬行淄州至元二年行淄州廢始來隸通典有漢被陽城又爲狄縣地田儋兄弟殺

狄令起此安帝永初二年改狄爲臨濟其後省入高苑故城在縣南

樂安縣 下 ○府北九十里漢千乘郡樂安縣元帝封丞相匡衡樂安侯後漢屬樂安國晉屬樂安郡隋省入千乘縣開皇三年移於廣饒城屬青州今縣理也唐武德二年於此置乘州八年廢之縣仍屬青州宋因之金改曰樂安屬益都

壽光縣 下 ○府東北七十里應劭曰古斟灌國禹後也古城在縣東詳見古迹 漢爲壽光縣屬北海郡文帝十八年置菑川國後漢併入北海菑川故城在縣西隋開皇六年於縣北十里博昌故城置壽光縣唐初屬乘州後

屬青州宋因之金屬益都

博興州 下 ○府西北百四十里古薄姑地東南有薄姑城與漢博昌城相近十三州記云昌水其勢平博漢置博昌縣屬樂安國高齊省之移樂陵縣理此寰宇記樂陵故城在縣東十二里隋開皇十六年復爲博昌屬北海唐屬青州五代唐避李國昌諱改曰博興宋金因之歷代止爲縣國朝升爲州

濰州 下 ○府東百三十里春秋戰國皆屬齊秦屬齊郡漢平壽縣及下密桑犢地屬北海郡後漢省桑犢餘屬北海國晉爲濟南郡輿地記曰晉濟南郡領平壽下密膠東即墨祝阿五縣而以平壽爲郡治考其屬邑乃漢北海平原膠東地非濟南地也元魏復北海郡高齊

改高陽郡隋開皇十六年置濰州大業末年因賊陷
俱廢唐武德二年復置濰州領北海漣水平壽華池
成都下密東陽寒亭濰水汶陽膠東營丘華苑昌安
都昌城平十七縣後六年唯存北海營丘下密三縣
餘並廢八年州與營丘下密二縣亦廢惟以北海縣
屬青州宋建隆三年置北海軍乾德三年升爲濰州
政和元年又改爲北海軍金復置濰州屬益都元領
縣三昌樂廢領縣二曰北海曰昌邑以北海爲治所
北海縣下○倚郭應劭曰古斟尋國禹後也漢爲平壽
縣屬北海郡又有斟縣後漢屬北海國晉以平壽置
齊南郡元魏復以爲北海郡高齊改曰高陽隋初罷

郡置下密縣於廢郡城開皇十六年於縣置濰州大業末州廢移下密于此置北海縣唐武德二年以縣置濰州八年州廢省下密入北海屬青州宋初屬北海軍後屬濰州金因之國朝至元三年廢昌樂縣入焉按昌樂卽漢之營陵縣廢城在縣西元魏時嘗曰營丘非臨淄之營丘也

昌邑縣下〇州東七十五里古鄑城左傳莊公元年齊遷紀之鄑城漢志云在都昌西此漢都昌縣屬北海郡高祖六年封朱軫爲都昌侯後漢屬北海國古城在縣南寰宇記曰都昌古城齊頃公封逢丑父食邑漢魏晉爲縣後廢今爲昌邑縣又云都昌漢更立昌邑縣魏晉因之按漢志武帝天漢四年更山陽爲昌邑國楊震傳昌邑故城在兗州金鄉縣西北不應在此何

故自相矛盾故俚俗因此誤以爲昌邑令王密懷金之地隋曰昌都唐廢入北海縣宋乾德間即唐安鄉建昌邑縣屬濰州金皇統題名碑云縣邑拒海五十里濰水之下流也韓信傳又曰臺昌漢末孔北海爲黃巾賊管亥所圍太史慈約昭烈救之于此

密州 下 ○府東南二百八十里戰國齊地秦爲琅邪郡漢[redacted]高密城陽三郡地後漢屬琅邪北海國晉屬城陽郡元魏屬高密永安二年改置膠州隋開皇五年改爲密州大業初州廢復爲高密郡五代漢爲防禦州宋因之開寶五年升安化軍節度元祐三年改臨海軍領縣五金割莒縣置莒州領縣四國朝以

膠西高密二縣置膠州領縣二曰諸城曰安丘以諸城爲治所州理有中外二城外城漢東武城也其中城後魏築以置膠州隋改密州並理此城

諸城縣下　○倚郭左傳莊公二十九年城諸古城在縣西漢爲東武琅邪之郡治後漢屬琅邪國晉屬東莞郡元魏屬高密郡隋開皇三年罷郡屬膠州五年改膠州爲密州縣仍屬焉十八年改東武爲諸城縣大業初復屬高密郡唐屬密州宋金皆因之

安丘縣下　○州西百二十里古根牟國漢高初封張說爲安丘侯後置縣有兩安丘一在北海一在琅邪後漢止在北海曰古渠丘今縣鄰北海非琅邪之安丘矣晉屬東莞郡宋屬南平昌元魏屬膠州高齊天保

七年省隋開皇十六年分昌安縣於牟鄉城置牟山縣牟鄉古根牟國也大業二年省昌安改牟山爲安丘縣三年移于漢平昌城唐武德六年移今理乾元二年以安祿山亂改名輔唐五代梁開平二年復爲安丘後唐又名輔唐石晉避諱改曰膠西宋開寶四年復曰安丘金因之竝屬密州

膠州下○府東三百五十里本漢琅邪郡黔陬高密不其縣地後漢屬北海國晉屬城陽元魏置膠州於高密郡隋開皇初改膠州爲密州竝理諸城十六年置膠西縣屬高密郡唐武德六年省膠西入高密以其地爲板橋鎮宋元祐三年復置膠西縣移臨海軍理

此金亦爲膠西縣屬密州國朝至元廿四年以縣置膠州以高密卽墨來隷

膠西縣　中　○倚郭古介葛盧國左傳襄公廿四年齊崔杼伐莒侵介根杜注云黔陬東北計基城號介國漢文帝分齊立膠西國封悼惠子卬爲膠西王都高密此漢黔陬縣地晉屬城陽元魏屬高密後屬平昌郡隋置膠西縣大業初省黔陬入焉唐省入高密以其地爲板橋鎭宋元祐三年復置屬密州又移臨海軍理此金因之大德年間東嶽廟碑云臨海軍治膠西爲東武劇邑葢控東南海道風颿信宿可至吴楚

高密縣　下　○州西北五十里禹初封國春秋萊之夷維

邑也（即漢夷安城）漢文帝十六年置膠西國宣帝本始元年更名高密光武封鄧禹爲高密侯地屬北海宋孝武併北海後屬高密高齊省之隋復置屬密州大業初罷州復屬高密郡唐武德六年移高密治夷安城亦屬密州宋金因之漢淳于縣本春秋之州國高齊省入高密曹參傳又爲假密濰水所經信參擊龍且地

即墨縣下○州東北百二十里戰國田單所守城臨墨水故名漢即墨縣屬膠東國後漢即墨國屬北海郡晉屬濟南郡高齊省之隋開皇十六年於古不期城東北二十里置今縣屬萊州（古即墨城在今縣西朱毛城是）唐宋金

因之

莒州 下 ○府東南三百二十里本漢琅邪東莞東安地晉改東安爲沂水縣又爲南青州宇文周改曰莒州皆在沂水縣隋大業初廢之唐武德五年置莒州貞觀八年廢以莒縣屬密州沂水屬沂州宋因之金升莒縣爲莒州屬益都府改日照鎮爲縣併沂水來隸國朝因之又析沂水置蒙陰領縣四曰莒曰沂水曰日照曰蒙陰以莒爲治所

莒縣 下 ○倚郭古莒國地志曰周武王封少昊之裔玆輿於莒始都計膠州南計斤城春秋隱二年莒人入向向莒縣也傳三十世至子朱號渠丘公爲楚簡王所滅地

八千齊燕樂毅破齊惟聊莒卽墨三城不下漢莒縣
屬城陽國文帝封朱虛侯章爲城陽王都莒光武併
入琅邪魏城陽郡徙治東武莒仍屬焉晉太康十年
割莒縣屬東莞惠帝徙東莞郡理莒城南燕桓遵爲
徐州刺史鎭莒劉裕北伐遵舉城降元魏亦以莒屬
東莞高齊罷東莞郡以莒東莞二縣屬東安隋開皇
初屬莒州大業初屬琅邪郡唐武德五年屬莒州貞
觀八年屬密州宋因之至金置莒州以縣屬
沂水縣下〇本春秋莒魯所爭之鄆邑十三州記曰魯
昭公所居爲西鄆在東平莒魯所爭爲東鄆在此杜
預亦云城陽姑幕縣南有員亭俗變其字卽鄆也漢

爲東莞縣卽今縣城南燕於此置縣元魏孝文改爲
新泰隋開皇四年改曰東安十六年於古蓋城別置
東安以此爲沂水縣屬琅邪郡唐宋竝屬沂州金屬
莒州國朝至元二年廢行新泰縣入此延祐三年復
析置蒙陰州西北七十里

日照縣下○州東南百五十里海濱十里蓋漢海曲之
地宋元祐二年置日照鎮屬密州金升爲縣屬莒州
南接淮安贛榆縣界有孤奎石駝山

蒙陰縣下○州西北二百二十里蒙山北二十五里漢
屬泰山郡後漢省之晉復置屬琅邪高齊省入新泰
縣唐初置屬泰山後亦廢入新泰宋金因之國朝至

元二年廢行新泰縣延祐三年析沂水之新寨鎮置此縣

沂州下 ○府南五百里春秋齊魯二國之境秦漢琅邪東海郡地初呂后封劉澤爲琅邪王文帝徙澤王燕以琅邪爲郡領縣五十一 後漢復爲國封皇子京爲琅邪王自諸城徙都開陽故城是也晉武咸寧三年改封東莞王伷王琅邪薨子覲嗣薨子睿嗣是爲東晉元帝即位于江東於琅邪郡城東北置發干戍以南軍鎮之後爲石勒所陷乃於丹陽江乘縣別立南琅邪郡元魏莊帝置北徐州即今州理城也宇文周改爲沂州隋改爲琅邪郡大業末爲徐圓朗所據唐

武德四年平圓朗置沂州天寶元年復爲琅邪郡宋金並爲沂州沂水經其東南淮泗舟楫通焉領縣二曰臨沂曰費以臨沂爲治所

臨沂縣中○倚郭本魯地春秋城中丘在縣東北漢屬東海郡後漢及晉屬琅邪國元魏改屬郯郡高齊省隋開皇十六年置臨沂縣於古郚城在今縣東二十六里大業二年移縣于州理唐屬沂州宋金因之

費縣下○州西北九十里魯季氏之邑漢爲縣屬東海後漢爲國屬泰山晉屬琅邪國自宋至隋並屬琅邪郡大業末爲賊所破唐武德四年重置屬沂州寰宇記曰漢費縣理祊城元魏太和間自祊城移縣理陽

口山隋開皇三年復移入祊城今縣理是也

嶧州下○府西南七百五十里古鄫國通志曰鄫亦作繒姒姓子爵夏少康封其少子曲烈于鄫傳國至春秋襄公五年莒滅之鄫太子巫仕魯去邑爲曾曾晳曾參其後也古鄫城在州東八十里此漢承縣地也胡氏大紀曰莒女爲鄫夫人取莒公子爲後與黃歇進李園之妹于楚王呂不韋獻邯鄲之姬于秦公子其事雖殊其欲滅人之祀而有其國則一也故書莒滅鄫漢承縣屬東海郡承時證切晉惠帝分東海郡之蘭陵承廞合鄉昌慮五縣置蘭陵郡理承縣隋開皇三年罷郡以承縣屬徐州十六年以縣置鄫州大業二年省鄫州及承縣移蘭陵置於廢鄫州城屬徐州後爲山賊左君衡所破唐武德

四年復置鄫州又改蘭陵爲承縣貞觀六年廢鄫州以縣屬沂州宋因之唐承縣仍理鄫州城至宋移理今縣金改曰蘭陵屬邳州國朝升嶧州初以蘭陵爲倚郭縣至元二年省

滕州　下　○府西南八百里漢晉蕃音皮鄒二縣地屬魯國唐宋則徐兗二州之縣金始置滕州屬東平府元領縣三至元初割沛縣入濟寧路領縣二曰滕曰鄒以滕爲治所

滕縣　下　○倚郭古滕國小邾左傳曰郜雍曹滕文之昭也文王子錯叔繡所封三十二世爲齊所滅漢初夏侯嬰爲滕令號滕公因秦縣也後置蕃縣屬魯國至

武帝移置公丘屬沛郡晉廢公丘入蕃還屬魯國又置蕃郡高齊廢之隋以其爲滕舊都故改蕃爲滕縣屬彭城唐屬徐州宋屬鄆州金以縣置滕州

鄒縣下 ○州北百里古邾國通志云顓頊帝元孫陸終氏第五子晏安賜姓曹封于邾子孫以邾爲姓周武王封晏安之裔邾挾爲附庸自挾至儀父十二世始見春秋儀父附從齊桓定霸有功進爵稱子十四世邾文公遷于繹改稱鄒趙臺卿曰至孟子時改曰鄒矣此說非也按六書故邾鄒同聲之轉也春秋時邾莒用夷故邾謂之邾婁婁有二音合閭音爲邾合樓音爲鄒此本邾國耳後爲楚宣王所滅遷之江夏故

黃州黃岡縣有邾城古鄒國則別見濟南此縣兩漢屬魯國晉廢南平陽入此縣屬魯郡隋因之唐屬兗州宋屬襲慶府金屬東平府

般陽府路○禹貢青州之域萊夷作牧之地周禮職方之幽州春秋戰國之齊秦屬齊郡漢晉則爲濟南樂安東萊郡地元魏高齊爲東清河郡及光州東牟之境隋屬齊郡及淄萊二州大業初淄州併入齊郡萊州爲東萊郡唐武德元年置淄州四年置萊登二州天寶元年廢淄州爲淄川縣改萊州爲東萊郡登州爲東牟郡竝屬河南道宋置淄萊登三州屬京東東路金屬益都國初淄州屬濟南登萊屬益都中統五

年置淄州路登萊二州來隸至元二年改爲淄萊路

廿四年改爲般陽府路元領縣六至元初割鄒平屬

濟南高苑屬益都二州帶八八縣今領州二領錄事

司一縣十二隸府者四隸州者八○東到益都路百

四十里西到濟南路二百二十里南到萊蕪縣百六

十里北到高苑縣百三十里東北到臨淄縣九十里

東南到沂水縣二百五十里西南到泰安州二百六

十里西北到青城縣百五十五里到大都驛程千二

百一十里

錄事司○沿革與益都路同

淄川縣中○倚郭本漢般陽縣在般水之陽屬濟南郡

後漢屬齊國晉省之宋元嘉五年改貝丘縣於縣置清河郡高齊廢郡以貝丘屬齊州隋開皇十六年以縣置淄州十八年改貝丘爲淄川縣大業初州廢縣屬齊州唐武德元年復置淄州縣屬焉又析置長白縣六年省宋金竝因之

長山縣 中 ○府北六十五里古於陵地按史記索隱曰孟子云陳仲子兄爲齊卿仲子以爲不義乃適楚居於陵楚王聘以爲相仲子逃去爲人灌園然則於陵又在楚地何也漢置於陵縣屬濟南郡故城在縣南魏晉因之宋武於此僑立廣川郡改爲武彊縣高齊改廣川爲平原郡隋開皇三年廢平原郡移武彊縣入廢城屬冀州十六年分置淄州縣仍屬焉十八年改武彊爲長山

縣以縣南長白山名大業初廢淄州以縣隸齊州唐武德元年置鄒州州縣又屬焉八年鄒州廢仍屬淄州宋金並因之

蒲臺縣 中 ○府東北二百里古有鬲氏國羿弒夏王相其臣靡奔有鬲後與鬲君滅浞立少康漢千乘郡濕沃縣後漢爲鬲侯國屬平原三齊記曰秦始皇東游於臺下縈蒲繫馬今蒲生猶有縈者臺在濱州東去此四十里名曰秦臺隋開皇十六年置蒲臺縣屬渤海唐屬淄州景龍元年屬棣州五代周世宗復屬濱州宋大中祥符五年省入渤海以其地爲蒲臺鎮金復置縣屬濱州國初因之中統五年來隸

新城縣中 ○府北八十里本長山縣之驛臺鎮國朝戊子年以人民蕃聚置爲縣以田索二鎮隸之

萊州中 ○府東北五百里禹貢萊夷之地周職方幽州之域史記周武王封太公於營丘萊侯聞之與太公爭營丘則萊爲殷時侯國也春秋時齊侯伐萊萊共公浮柔奔棠晏弱圍棠滅之遷萊于郳（棠在即墨郳在昌慮）秦屬齊郡漢高四年以韓信虜齊王廣分齊置東萊郡屬青州萊在齊之東垂也初理掖後理黃魏因之晉武太康四年徙遼東王蕤王東萊復理掖至宋改理曲城元魏皇興四年分青州置光州（取界內光水名）仍領東萊郡州與郡同理在掖縣高齊宇文周並因之隋開

皇初罷郡改光州爲萊州大業初復爲東萊郡唐武
德初改爲萊州天寶元年曰東萊郡乾元元年曰萊
州隸河南道宋爲防禦州屬京東東路金升州爲定
海軍節度屬山東東路國初屬益都中統五年來隸
至元廿四年割卽墨縣入膠州領縣四曰掖曰膠水
曰招遠曰萊陽以掖爲治所
掖縣 中 ○倚郭古過國平聲寒浞封子豷之地漢志掖侯
國有過鄉春秋類傳亦以有過在掖縣戰國策又云
田單封夜邑卽掖省文未知是否掖水出縣東南寒
同山故以氏焉自漢以來屬東萊唐宋竝屬萊州
膠水縣 下 ○州南百三里本漢膠東國漢以卽墨置膠

東國古城在縣南後漢省爲縣屬北海國晉屬長廣郡元魏屬北海郡隋仁壽元年改曰膠水屬萊州唐宋金竝因之

招遠縣 下 ○州東北百二十里本掖縣地有羅山金人初置羅峯鎮後升招遠縣屬萊州西北至海五十里海道東山河口至朱王海口倉百三十里

萊陽縣 下 ○州東北百八十里漢縣屬東萊郡在昌水之陽故名古城在文登縣西南三十里晉初無此縣元康八年復立昌陽縣屬長廣郡今理是也高齊天保七年廢長廣以昌陽屬東萊郡隋開皇三年罷郡以縣屬萊州唐因之五代唐莊宗避國諱改爲萊陽

宋金因之
登州下○府東北七百五十里北至海三里禹貢嵎夷之地春秋萊子國戰國屬齊秦屬齊郡漢屬東萊郡元魏屬東牟郡高齊屬長廣郡隋開皇初屬牟州大業三年廢唐武德四年復置牟州後因文登縣人不從賊黨遂于縣理置登州貞觀元年牟登二州俱廢如意元年又于牟平縣置登州神龍三年自牟平徙登州于蓬萊鎮析黃縣置蓬萊縣今州理是也天寶元年爲東牟郡乾元元年復爲登州宋因之屬京東東路領縣四金初析牟平文登兩縣置寧海軍以兩水鎮爲福山縣楊疃鎮爲棲霞縣還登州國初屬益

都中統五年來隸領縣四曰蓬萊曰黃曰福山曰棲
霞以蓬萊爲治所
蓬萊縣下○倚郭本黃縣地漢武于此望海中蓬萊山
因築城以爲名唐貞觀八年于此置蓬萊鎭神龍三
年析黃縣置蓬萊縣宋金因之
黃縣下○州西南百三十里古萊子都此故城在縣東
南二十五里漢黃縣屬東萊郡高齊天保七年移今
理唐初屬牟州神龍三年屬登州宋金因之漢志秦
欲伐匈奴使天下飛芻輓粟起於黃腄直瑞切琅邪負
海之郡腄卽文登黃卽此縣
福山縣下○州東南二百八十五里本漢腄縣地舊爲

兩水鎮屬登州金僞齊阜昌二年置福山縣屬登州

棲霞縣 下 ○州南百五十四里腄縣地舊爲楊疃鎮亦僞齊所置

寧海州 下 ○禹貢嵎夷周禮幽州域春秋萊國秦齊郡之東腄漢東牟不夜縣地後漢爲牟平侯國並屬東萊郡魏晉止爲縣高齊天統四年分置文登縣屬長廣郡隋開皇三年改長廣爲牟州以文登縣屬萊州大業二年亦廢牟州入萊州唐武德四年又于黃縣東中郎城置牟州文登縣置登州領文登觀音貫陽二縣六年以觀陽屬牟州又置淸陽廓定二縣屬登州貞觀元年二州三縣俱廢入文登如意元年復登州

神龍三年登州徙置蓬萊鎮麟德二年復置牟平屬登州宋因之金初僞齊劉豫以兩縣置寧海軍大定廿二年升爲州屬山東東路國初屬益都至元九年直隸省部領縣二一曰牟平曰文登以牟平爲治所○東到海二百六十里西到福山縣七十五里南到乳山海口百六十里北到營島海口十里東北到雙島海口六十里東南到遠島海口百八十里西南到萊陽縣二百四十里西北到清泉海口六十里到大都二千三百里由海道千九百里

牟平縣中○倚郭古牟子國祝融後漢牟平縣在牟山陽其地坦夷故曰牟平屬東萊郡武帝元朔三年封齊孝王子渫先列切

爲牟平侯傳七世至莽簒國除故城在縣西北百里
高齊天保七年自牟故城移黄縣東北改屬長廣郡
隋開皇三年改長廣爲牟州縣屬焉大業二年牟州
廢縣屬萊州唐武德四年又屬牟州貞觀二年廢入
文登麟德二年復置屬登州宋因之金屬寧海州
文登縣下 ○州東百十五里本漢牟平不夜縣地高齊
天統四年分牟平置文登縣屬長廣以地有文山始
皇召集文人登之號曰文登隋開皇三年屬萊州唐
武德四年于縣置登州貞觀元年廢登州併廢清陽
廓定二縣入此縣神龍三年徙置登州于蓬萊鎮縣
仍屬焉宋因之金屬寧海州

濟南路上○禹貢青西兗北之地齊履岱陰無棣之境春秋戰國皆屬齊秦屬齊郡漢爲濟南郡兼千乘平原地文帝又分濟南國封齊悼王子劼侯辟光爲濟南王景帝二年國除後漢復爲濟南國並屬青州魏建安中分置樂陵郡晉爲濟岷郡及樂陵國（輿地記曰晉濟南郡領下密膠東即墨祝阿平壽五縣以平壽爲郡治考其屬邑乃漢北海平原膠東地非濟南地也或云魏平蜀徙其豪將家于濟河北改爲濟岷郡而太康地志無此郡名豈永嘉喪亂簡編散落故失其傳乎寰宇記云永嘉末濟南郡自東平陵移理歷城後爲石勒所據非濟南屬邑當從輿地記改曰濟岷）永嘉亂陷没東晉義熙五年劉裕滅南燕復有其地宋元嘉九年割青州西部於此僑立冀州元魏改爲齊州兼置濟南樂陵二郡隋開皇三年廢郡復爲齊

州十七年又于陽信縣置棣州大業初州廢又改爲
齊郡唐武德元年復爲齊州二年置總管府管齊鄒
東泰譚淄濟六州四年于厯城置棣州七年改總管
爲都督府貞觀元年廢之七年復置督府管齊青淄
萊密五州天寶元年齊州改臨淄郡棣州改樂安郡
五載臨淄郡改濟南郡乾元元年復爲齊州樂安郡
復爲棣州並屬河南道五代周顯德三年又分棣置
濱州宋治平二年升齊州爲興德軍節度政和六年
以齊州爲英宗賜履之地升爲濟南府金人初入中
原知府劉豫以城叛降立豫爲齊帝改元阜昌兼八
州之地都于汴梁以子麟知濟南府八年廢之仍爲

散府按察置司焉國朝置濟南路總管府屬山東東路元領淄陵二州至元二年淄州自爲淄萊路陵州并臨邑縣入河間路長淸縣入泰安州禹城縣入曹州齊河縣入德州以濱棣二州及鄒平縣來隸今領州二錄事司一縣十一隸府者四隸州者七長官司一○東到般陽路二百二十里西到齊河縣五十里南到泰安州百八十里北到無棣縣三百二十里東南到萊蕪縣二百五十里東北到濱州海口四百七十里西南到長淸縣七十里西北到禹城縣百二十里到大都千里

錄事司○沿革同前

歷城縣中○倚郭古齊歷下城在歷山之陰史記晉平公伐齊戰于歷下酈食其說齊王廣罷歷下兵守韓信襲破之皆其地自漢爲歷城縣屬濟南郡晉屬濟岷郡劉宋嘗于此僑立冀州隋開皇三年屬齊州大業初屬齊郡唐武德三年屬齊州隋唐州郡並理東平陵後改全節縣元和後省全節入歷城始爲郡治焉宋初屬興德軍政和六年屬濟南府金因之按述征記歷城到營城三十里自城已東水瀰漫數十里閒南則迫山實爲險固逮金亂土人因阻水立邑號曰水寨歸附後始移置今縣

章丘縣上○府東北百一十里本漢陽丘縣屬濟南郡

高齊天保七年以廢禹城縣西有古高唐城移置高唐縣于此即古黄巾城也隋開皇十八年以博州亦有高唐改此爲章丘取縣南章丘爲名爾雅上平曰章丘亦章亥葬女之山名女郎山者唐武德二年屬譚州貞觀元年屬齊州宋景德三年移縣北置清平軍以縣屬焉熙寧三年復移軍使于縣城金廢軍縣屬濟南

鄒平縣上○府東北百八十里漢濟南郡有鄒縣古鄒侯國有梁鄒後漢以鄒爲鄒平屬濟南國晉省梁鄒入鄒縣屬樂安國永嘉後鄒亦廢高齊天保七年移平原縣置梁鄒城隋開皇三年移入鄒平城十八年復爲

鄒平縣屬淄州大業二年屬齊州唐武德元年於臨
濟縣置鄒州以縣屬八年鄒州廢屬譚州貞觀元年
譚州廢屬淄州宋因之景德初徙治廣陽城金屬淄
州

濟陽縣中○府東北九十里唐景龍元年析高苑置濟
陽縣屬淄州元和郡國志云濟水在縣南又南有八
會津水陸所湊其路有八故名八會縣廢城在淄州
北今縣本漢朝陽唐宋之臨邑章丘地金初劉豫割
章丘之標竿鎮及臨邑封圻之半置濟陽縣屬濟南
大定六年避金主允濟諱改曰清陽允濟遇弑復舊
名○新市鎮舊屬臨邑至元二年併入濟陽撥戶千

二百四十六置長官司管投下差稅直隸濟南路

棣州上〇府東北二百四十里禹貢青兗之交周封齊履之北境秦屬齊郡漢兼平原渤海千乘郡邑魏建安中分爲樂陵郡元魏又析樂陵爲二隋開皇十年以郡置厭次縣屬渤海十七年以陽信縣置棣州大業二年廢棣州自饒安縣徙滄州於陽信唐武德四年析滄州之陽信滴河樂陵厭次置棣州八年又廢入滄州貞觀十七年復于樂陵置棣州其後以樂陵還滄州割淄州之蒲臺來隸徙州治厭次故城在州東北四十餘里土人名日北舊城天寶元年改爲樂安郡屬河南道乾元元年復爲棣州五代梁刺史華溫琪以河水爲患徙

州于厭次東南州東南五十三里土人名曰南舊城宋建隆二年爲團練乾德三年升爲防禦州大中祥符四年清河水溢壞州城以厭次與陽信互易其地徙州治厭次金因之國初濱棣自爲一道中統三年置濱棣路安撫司至元二年隸濟南路領縣四曰厭次曰陽信曰商河曰無棣以厭次爲治所

厭次縣中 ○倚郭漢高祖初封爰類爲厭次侯至文帝國除明帝永平五年更富平爲厭次縣屬平原郡相傳秦始皇東游厭氣次舍于此故名魏晉屬樂陵元魏時徙縣治馬嶺城今陽信縣東馬嶺城是高齊省之隋開皇十三年復置于樂陵屬渤海十七年屬滄州大業初

屬渤海郡唐武德四年屬棣州貞觀後徙州治此邑五代梁徙州東南縣隨之宋大中祥符間與陽信縣互易仍爲州理水經闞駰注曰厭次縣富平侯張安世世封邑按本傳昭帝元鳳六年封安世富平侯薨子延壽嗣國在陳留別邑在魏郡租入歲千餘萬延壽自以身無功德何能久堪先人大國上書讓減戶邑天子以爲有讓徙封平原并一國戶邑如故而稅減半然則陳留之富平乃安世始封平原之富平延壽之徙封也漢功臣之世世保國長久未有若富平者豈非安世父子謙抑之所致可爲後法也

陽信縣中　○州東北四十五里本漢縣屬渤海郡高祖初封呂青爲陽信侯文帝復以封劉揭王莽省之後漢延光元年復置魏晉皆屬樂陵元魏因之至高齊廢隋開皇初復置屬滄州十七年屬棣州大業初又

屬滄州唐武德四年以縣置棣州六年州廢縣屬滄州貞觀十七年還屬棣州宋因之大中祥符間與厭次縣互易其地今因之大統志晉東海王越斬汲桑于此按通鑑苟晞破汲桑桑奔馬牧爲人所殺何用録此

商河縣中○州西南九十里本漢平原朸音力縣地武帝封城陽王子讓爲侯晉置濕沃縣音它合反隋開皇初於漢朸縣故城置滴河縣取縣南商河漢河隄都尉許商疏鑿後人加水爲滴以爲名也初屬滄州後屬棣州大業初屬渤海唐貞觀元年割屬德州十七年還屬棣州宋因之前此皆稱滴河至宋去偏傍爲商河豈以紹聖間河決壞城大觀修復之後字從攴邪然

不可考矣金因之

無棣縣下○齊履北境漢陽信地陽信故城在縣東南三十里隋開皇六年置縣取縣南無棣溝爲名唐貞觀初省入陽信八年復置屬滄州太和二年屬棣州尋屬滄州五代周顯德五年改爲保順軍宋復爲無棣縣屬滄州金因之國朝割無棣縣半入滄州以縣領三鄉來屬而滄州亦有無棣故此又稱東無棣云

濱州中○府東北三百五十里漢渤海郡地沿革同棣州五代之際置榷鹽務于海濱因立贍國軍周顯德三年始割棣州之渤海蒲臺兩縣置濱州宋因之初省蒲臺入渤海慶曆三年又析置招安縣金復置蒲

臺縣大定十三年于此立鹽使司後又析置利津縣改招安曰霑化國初濱棣自爲一道中統三年置濱棣路安撫司中統五年割蒲臺縣入淄州至元二年隸濟南路領縣三曰渤海曰利津曰霑化以渤海爲治所

渤海縣 中 ○倚郭唐垂拱四年析蒲臺置渤海縣天寶五年以地斥鹵西徙四十里李丘村縣焉周顯德三年以縣置濱州宋金竝因之

利津縣 下 ○州東六十里本渤海縣之永利鎮金明昌三年置爲縣

霑化縣 下 ○州北六十里宋慶歷三年招撫海寇得安

即其地置招安縣熙寧六年省爲鎭元豐二年復爲縣金明昌四年改曰霑化取龔遂爲渤海太守海濱之民復霑聖化立名

德州○禹貢兖州之域春秋戰國齊之北境秦屬齊郡漢高祖分齊置平原郡後漢及魏晉以爲宗王封國元魏復爲郡孝文太和中移郡于安德故城改爲安德郡隋開皇元年廢郡入冀州九年以郡置德州大業三年州廢復爲平原郡唐武德四年平竇建德復置德州又置總管府領博德棣觀四州七年改屬都督府貞觀二年廢督府割滄州之滴河厭次二縣來屬十七年二縣還屬棣州以廢觀州之蓨縣安陵來

隸天寶元年改爲平原郡十四年安祿山反平原太守顔眞卿據郡討賊初明皇聞河北郡縣皆從賊歎曰二十四郡曾無一人義士耶及眞卿報至大喜曰朕不識顔眞卿作何狀乃能如是欽按三代之後天下承平富庶莫如明皇始禍致亂毒流後代代亦莫如明皇蓋其初政識姚宋晚年識李楊斯二人者天下皆識其心術明皇但識其形狀故能敗亂天下至于眞卿兄弟巡遠諸賢皆所不識而竭忠許國乃能如是自古識者不賢賢者不識信者不忠忠者不信豈特明皇而已哉此禍亂所以相尋也乾元元年復爲德州屬河北道五代晉天福間移州理長河縣宋復還安德展其城景德三年刺史江日新展築亦屬河北金屬山東東路國初屬東平路至元五年直隸省部仍割大名之淸平濟南之齊河兩縣來隸領縣五曰安德曰平原曰齊河曰淸平曰德平以安德爲治所〇東到商河縣百

八十里西到陵州七十里南到高唐州百四十里北到吳橋縣七十里到大都八百里東北到寧津縣百里東南到禹城縣百一十里西南到恩州百一十里西北到景州二百里

安德縣中○倚郭漢爲縣後漢爲國皆屬平原元魏以縣置安德郡隋開皇初復爲縣屬冀州九年於縣置德州五代石晉徙州理長河以縣爲屬邑宋嘉祐中復爲州理金因之

平原縣中○州西南五十里漢平原郡平原縣有篤馬河東北入海五百餘里今枯河猶存韓信夜渡平原襲齊歷下軍渡此河也高齊併鄃縣入此古城在縣西光武封馬武此邑

元魏置東青州尋廢屬安德郡隋開皇初郡廢屬冀州九年改屬德州唐太和二年屬齊州尋復屬德州宋金因之

齊河縣中○本宋齊南之耿濟鎮漢耿弇討張步自朝陽齊河卽此地金劉豫家此鎮僭位後置爲縣屬濟南大定八年始城之國朝至元二年來隸

清平縣中○州東百八十里本漢清河郡之清陽縣隋開皇初徙貝丘縣置此十六年改曰清平屬博州大業二年屬貝州唐武德四年屬博州宋屬大名府舊邑在縣西四十里清平鎮元豐閒漯河決壞城徙置博平縣之明靈寨今理是也金因之國朝至元二年

來隷

德平縣下○州東八十五里本漢平原郡平昌縣漢文四年封齊悼王子卬爲平昌侯故城在縣西南或云西平昌以琅邪亦有平昌故稱西元魏永熙二年移縣理古城高齊天保七年復移今理隋開皇十三年屬滄州十六年還屬德州唐因之五代唐避諱改曰德平宋熙寧六年省爲鎮元符二年復置屬德州金因之

齊邑外屬

高唐州之高唐縣○本漢平原郡之高唐縣非古齊高唐也杜征南云高唐在祝阿西北古齊邑齊威王使

盼子所治漢書地理志平原郡有高唐則漢縣也今人皆以此爲齊邑故略具同異云

曹州之禹城縣○濟南西五十里古祝國黃帝之後杜征南釋地曰濟南祝阿縣西北有瑗城有高唐城春秋時齊邑漢祝阿縣屬平原郡隋屬齊州唐天寶元年改曰禹城取縣南禹息古城爲名安史之亂義營防遏將軍李銑決河水以限賊縣爲水壞乃北徙八十里移縣置遷善村爲今理故禹城在豐齊之北宋金竝屬濟南國初乙未年屬曹州有阿陽城漢縣也在廢禹城西北隋開皇初此城側得古塚石銘云阿縣令李君墓龍額城亦漢縣在廢禹城東南古高唐城在南五十里瑗城在南百里春秋晉趙鞅伐齊取犂及轅杜云犂一名隰轅即瑗也源陽城唐縣亦在南百里廢禹城在南八十里

泰安州之長清縣○濟南西南七十里本盧地齊公子傒食采于盧漢爲縣屬泰山郡元魏孝昌二年自山茌故城移東太原郡置此後廢隋開皇五年置長清鎮取清水爲名十四年改爲縣屬濟州唐貞觀十七年屬齊州宋因之至道二年徙治刺榆店今縣理金亦屬濟南國初乙未年屬泰安

東昌路之聊城縣○濟南西三百里齊西鄙之邑水經注云聊城縣東北三十里有故攝城左傳所謂聊攝以東是也戰國時燕將保聊城田單攻之不下魯仲連爲書約之矢射城中燕將見書自殺兩漢屬東郡魏晉屬平原因爲郡治焉隋初屬博州大業中屬武

陽郡唐宋竝屬博州國朝屬東昌路倚郭按漢志千乘郡別有蓼城縣後漢爲蓼侯國注云東北有攝城此古齊聊攝也今人皆以東昌之聊城當之故略具同異云乙茌平縣聊城縣東北七十里左傳哀八年齊取闡杜注云漢東郡茌平縣北有闡鄉茌平至晉末圯于河後魏廢入聊城唐武德初以聊城之興利鎮復置貞觀八年又廢至金劉豫始復屬博州國初撥屬東昌石勒賣爲師讙奴耕田聞鼓鞞之聲縣西南地名牛叢塊相傳是其舊耕之地李陽爭漚麻池今有大李莊陽讙之裔猶存未知是否淳于髡墓在縣西又唐馬周五代葛從周皆有墓土人名曰葛塊

東平路之東阿縣○濟南西百二十里齊之柯邑春秋莊公十三年會齊侯盟于柯曹沫刼盟于此漢爲東阿縣兩漢有阿陽無東阿記誤魏封曹植地晉屬濟北國隋屬濟北郡唐初屬濟州天寶十三載屬鄆州金宋竝屬東平有阿井貢膠井今在閘河之西○陽穀縣東阿西南百里春秋僖三年齊侯宋公江人黃人會于陽穀隋開皇十六年始置陽穀縣屬濟北郡唐初屬濟州天寶十三載屬鄆州宋開寶六年縣城圮于河太平興國四年徙置上巡鎮金因之國朝屬東平阿井在縣東北金天眷間重修有碑存今復廢縣東北安樂鎮相傳周世宗養疾于此

河間路之臨邑縣○濟南北百里漢臨邑縣屬東郡宋孝武孝建二年立東魏郡理臺城以臨邑縣屬焉隋開皇三年罷郡屬齊州唐初屬譚州後屬齊州宋因之建隆初以河決壞城徙治耿鎮此亦漢濟南著縣平原隰陰縣地隰陰齊桓封公子廖之地漢爲縣古城近在縣西十里又名犂丘著城在縣東南五十里古相傳地貢神著按師古曰著竹庶反韋昭誤以爲著龜之著失之遠矣後人緣此有貢著之論○齊東縣舊趙巖口金爲齊東鎮見金須知劉豫置夾河巡檢司以瀕大清河故名夾河金亂天兵南下城之于年因置齊東縣屬河間路癸丑年割屬濟南至元二年還屬河間縣管甯戶郭外皆章丘鄒平地屬濟南故附見云

齊乘卷三

餘杭葛昊容齋校

齊乘卷三考證

益都路路下應旁注上字

唐武德二年置青州總管府○按舊唐書青州總管府

武德四年置

天寶元年罷都督府○按舊唐書及太平寰宇記並云

貞觀元年罷都督府

石晉開運初爲防禦州天福十二年復爲平盧節度○

按漢主知遠即位之元年復稱晉天福十二年不當

槩以石晉冠之

府城俗稱南陽城北城爲東陽城兩城相對抱陽如偃

月蓋古者合爲一城或皆羊穆之所築或後人增葺

未可知也○按水經注陽水又東逕東陽城東南義熙中晉青州刺史羊穆之築此以在陽水之陽即謂之東陽城世以濁水為西陽水故也蓋濁水與長沙水自西南而東北故亦通稱東西東陽即南陽不得更以為南城之號而陽水逕東陽城南則今府城非羊穆之築審矣王闢之澠水燕談曰青州城西南皆山中貫陽水限為二城王北宋人當時形勢如此則于氏謂古昔全盛之時合為一城者誤也特南城建置之始已不可考耳

輿地記曰北齊移益都縣入青州以城北門外為治所

○按寰宇記云北齊天保七年移于郡城之北門外

今縣理也

益都縣

故城在壽光縣南元魏于壽光益城置益都縣○按益都漢封劉胡爲侯國本鄉聚之名非縣也魏始于今壽光北二十里故益都城置益都縣宋及元魏因之北齊移入東陽城爲青州治與今壽光縣南之益城無涉益漢縣屬北海郡後漢屬樂安國水經注云巨洋水又東北逕益縣故城東又東北積而爲潭西北流逕北益都城益縣當時已廢則稱故城益都見設爲縣則否一南一北敘次明析如此元和志及寰宇記並云魏于今壽光縣南十里益都城置縣或誤以益城當之而所謂魏

置者皆指曹氏而言今于氏改爲元魏轉益舛誤又與第四卷王胡城及益城條下自相矛盾矣

樂安縣

元帝封丞相匡衡樂安侯○按漢書衡本傳封僮之樂安鄉屬臨淮郡非千乘屬縣也于氏誤引

晉屬樂安郡○按晉書地理志樂安國統縣八無樂安

隋省入千乘縣○按隋書地理志博昌舊曰樂安開皇十六年改焉新唐書博昌武德八年省樂安安平二縣入焉是隋以樂安入博昌縣唐武德初復置尋又省入博昌也蓋隋以前之樂安非卽今縣而今之樂安乃隋唐及宋之千乘縣耳水經注樂安縣故城在

博昌城西北五十里元和志千乘故城在高苑縣北二十五里自隋移千乘縣于廣饒金改爲樂安皆非漢縣矣于氏謂隋省樂安入千乘縣出于臆揣不足信

壽光縣

文帝十八年置菑川國後漢併入北海菑川故城在縣西○按漢菑川國治劇縣故城在今壽光縣南三十里非縣西又按續漢志壽光改屬樂安國于氏不此之敘而但云併菑川入北海疎矣

隋開皇六年于縣北十里博昌故城置壽光縣○十里元和志及寰宇記並作一里按漢博昌縣故城在今

博興南二十里水經注澠水西逕樂安博昌縣故城南時水東北逕博昌城北是也金史博興縣有博昌鎮卽故城所在去壽光頗遠而李志樂記與舊唐書地理志皆謂隋置壽光于博昌縣未詳何代所立按後魏書地形志青州樂陵郡故千乘地劉義隆（宋文帝名）置魏因之領陽信樂陵厭次新樂濕沃五縣陽信下云有千乘城博昌城樂陵下云有薄姑城而樂安郡別有博昌縣宋書州郡志同唯樂陵郡屬冀州爲異（宋無冀州分青州僑置魏則滄州自有樂陵郡故此屬青州）蓋故博昌地旣僑立樂陵則樂安郡之博昌其爲移置壽光地無疑晉書樂安國有壽光縣宋書無之故知廢爲博昌至隋而

復置也元和志所謂故城者宋魏之縣耳

博興州

東南有薄姑城與漢博昌城相近○按尚書正義引杜預云樂安博昌縣北有蒲姑城今左傳昭二十年無此注史記正義引括地志云薄姑故城在青州博昌縣東北六十里元和志同于氏于第四卷古蹟亦云在博興東北而郡邑條下又作東南豈以博昌城俗或呼爲薄姑因致舛誤與

漢置博昌縣屬樂安國○前漢屬千乘郡後漢始改爲

樂安

高齊省之移樂陵縣理此○元和郡縣志太平寰宇記

竝云高齊自今縣東十二里樂陵故城移樂陵縣理此屬樂安郡隋開皇三年罷郡樂陵縣屬青州十六年改爲博昌按隋書博昌舊曰樂安舊唐書亦云樂安隋縣疑高齊廢樂陵移治城西爲樂安縣否則隋初所改後復改樂安爲博昌也于氏據寰宇記謂樂陵改爲博昌與隋志不合樂陵劉宋置元魏因之卽故博昌地非隋志渤海郡之樂陵也

濰州

晉爲濟南郡輿地記曰晉濟南以平壽爲郡治○晉書地理志濟南郡統平壽下密膠東卽墨祝阿五縣而續漢書郡國志濟南郡十城唯梁鄒東朝陽晉屬樂

安國梁鄒今本作鄒宋書五行志晉太康六年三月樂安梁鄒等八縣隕霜傷桑麥以此知脫一梁字其餘東平陵著於陵臺營土鼓鄒平歷城等八縣皆不見于晉志顯有遺脫按後魏書地形志北海郡之下密平壽膠東並云晉屬齊郡長廣郡之即墨云晉屬晉志長廣郡無即墨疑本屬齊國後改隸長廣也唯太原郡之祝阿云晉屬濟南又濟南郡歷城著平陵並云晉屬土鼓云晉罷宋書州郡志永初郡國濟南有於陵縣永初宋高祖時蓋承晉代之舊太平寰宇記鄒平漢屬濟南郡後漢及晉並不改是未詳有無者獨臺營二縣耳蓋晉志齊國濟南郡支相次比故傳寫之失誤以齊國平壽等四縣入濟南下而脫去濟南東平陵歷城等縣剩一祝阿

後人據此遂謂晉濟南郡治平壽不知晉濟南先治東平陵後治歷城元和志有明文平壽並不屬濟南無論非治也當改曰晉屬齊國

元魏復北海郡○復下當有爲字

唐武德二年復置濰州領北海漣水平壽華池成都下密東陽寒亭濰水汶陽膠東營邱華苑昌安都昌城平十七縣○按唐新舊兩書漣水作連水成都作城都華苑作華宛又寒亭本寒水訾亭二縣各脫去一字混併爲一尤不合十七縣之數

北海縣

大業末州廢移下密于此置北海縣○按隋書改下密

爲北海縣非移置且濰州之廢在大業二年見元和志末
亦當作初

昌邑縣

鄑城漢志云在都昌西○按續漢志劉昭注有此文非
漢志

隋曰昌都○按隋書仍作都昌未詳于氏何據

宋乾德間卽唐安鄉建昌邑縣○按宋史地理志昌邑
建隆三年置

韓信傳又曰臺昌○按臺昌見師古注非漢書本文

密州

漢爲瑯邪高密城陽三郡地○按安邱前漢已屬北海

郡而莒高密膠西三縣元時皆別屬于氏云高密城陽郡地不數北海何也

晉屬城陽郡○按晉志唯東武屬城陽安邱則屬東莞郡

元魏屬高密永安二年改置膠州○按後魏書安邱屬平昌郡東武自屬高密並隸膠州非以高密改置也

諸城縣

晉屬東莞郡○按東武晉屬城陽郡前并安邱入城陽此以諸城隸東莞寸楮之間牴牾如此此因寰宇記而誤

安邱縣

漢高初封張說為安邱侯○按漢志琅邪之安邱為侯

國據水經注則說所封當在北海功臣表無明文
宋屬南平昌○按宋書安邱屬青州平昌郡別有南平
昌屬南徐州乃僑立之郡耳此誤加南字沿寰宇記
之謬也
元魏屬膠州○按後魏書膠州領郡三而安邱隸平昌
係言屬膠州非是當云宋魏俱屬平昌郡其唐以後
即州爲郡者乃可言屬某州耳

膠州

本漢琅邪郡黔陬高密不其縣地後漢屬北海國○按
漢書唯不其黔陬屬琅邪郡高密自屬高密國後漢
高密屬北海國黔陬不期自屬東萊郡文有舛漏

晉屬城陽○按晉書高密黔陬俱屬城陽唯不其屬長廣郡

高密縣

宋孝武併北海○按宋書晉惠帝分北海立城陽宋孝武併北海今不言分城陽則併字上無所承矣

高齊省之○按隋書後齊廢淳于縣入高密而元和志及寰宇記誤云高齊文宣帝省高密縣于氏因之與下文淳于省入高密之語不相矛盾乎

卽墨縣

後漢卽墨國屬北海郡○當云卽墨侯國屬北海國

晉屬濟南郡○當云晉屬齊國後屬長廣郡

隋于不期城東北二十里置今縣○太平寰宇記作二十七里第四卷不期城下與樂記同此脱一字

莒州

本漢琅邪東莞東安地○按漢書有兩東安一屬東海郡爲侯國寰宇記東安故城在海州西八十三里漢縣後漢省是也一屬城陽國水經注沂水南逕東安縣故城東敘次在東莞縣南是也水經注以此爲侯國誤後漢東莞東安俱隸琅邪前漢唯東莞屬焉

晉改東安爲沂水縣又爲南青州○按晉志東安屬琅邪國東莞屬東莞郡無改縣名之事于氏葢誤以隋爲晉耳又按晉南青州治廣陵在今江都縣宋南青

州治鬱洲在今海州東北後魏太和二十二年始于東安郡置南青州治團城後周改爲莒州于氏不言元魏立南青州而直承晉改爲文亦誤

莒縣

燕樂毅破齊惟聊莒卽墨三城不下○按史記樂毅傳云唯獨莒卽墨未服田單傳云唯獨莒卽墨不下皆謂燕攻齊不下者有二城也至魯仲連傳云燕將守聊城田單攻歲餘不下魯連爲書遺之燕將自殺此乃齊攻燕不下耳寰宇記誤作三城于氏因之失考

沂水縣

南燕于此置縣○寰宇記南燕于此置團城鎭不言置

縣按水經注東莞縣故城東燕錄謂之團城即謂此也

蒙陰縣

唐初置屬泰山後亦廢入新泰○按唐書無泰山郡武德五年于博城縣置東泰州亦未嘗有蒙陰縣通典沂州新泰下云漢蒙陰縣故城在今縣東南當云高齊省入新泰縣自隋至金皆因之可也

沂州

後漢封子京爲琅邪王自諸城徙都開陽故城○按後漢書光武十王傳京都莒好修宮室國中有城陽景王祠吏人奉祠神數下言宮中多不便利京上書願

徙宫開陽肅宗許之是孝王自莒徙開陽本未嘗都
諸城于氏見前漢琅邪郡首東武故有此誤不知前
漢郡國下第一縣不必皆治閻百詩釋地餘論據水
經注云西漢琅邪郡治琅邪縣也

嶧州

襄公五年莒滅之○當作六年
至宋移理今縣○按金史地理志蘭陵貞祐四年徙治
土婁村元嶧州當與金同治云宋移今理恐誤

滕縣

三十二世爲齊所滅○漢書地理志作三十一世
至武帝移置公邱○當删去移字

晉廢公邱入蕃還屬魯國○按晉志蕃公邱俱屬魯郡
無廢入之事魯亦不爲國
又置蕃郡○蕃郡後魏孝昌二年置蒙晉爲文誤
宋屬鄆州○宋滕縣亦屬徐州當改云宋因之

鄒縣

子孫以邾爲姓○姓當作氏
晉廢南平陽入此縣○按晉志高平國晉初分山陽置
其第七縣曰南平陽侯國有漆亭郎左傳襄二十一
年邾庶其以漆閭邱來奔是也于氏謂晉廢入鄒縣
葢出臆造通典兗州鄒下云漢舊縣地又曰南平陽
縣據此文或省併于隋氏矣

般陽府路 路下應旁注下字

光州東牟之境○當云光州之境則東牟在其中矣

天寶元年廢淄州爲淄川縣○按唐代卽州爲郡其先止稱州天寶元年改爲郡厥後州郡兼稱故通典云某州或爲某郡舊唐書云某州改爲某郡也此條當云改爲淄川郡而誤作廢州爲縣大謬

東到益都路云云○按通典書八到之例四正曰至四隅曰到此及寧海濟南德州皆謂之到與前益都路下不合

蒲臺縣

古有鬲氏國漢千乘郡濕沃縣後漢爲鬲侯國屬平原

○按鬲縣故城在今德平縣東一里去蒲臺甚遠而于氏謂後漢以濕沃爲鬲縣蓋續漢志無濕沃故據劉昭注引三齊記鬲城東南有蒲臺也今本脱東字按水經注商河南水謂之長叢溝溝南海側有蒲臺東去海三十里今爲濱州地後漢時中隔厭次濕陰樂陵般縣不當與鬲城接壤而蒲臺縣又在其南四十里豈得爲有鬲氏之國乎伏琛作記或緣鬲爲平原近縣故以表識方向猶言郡之東南境耳又按後魏書厭次有富城即富平之省文酈注敘商河南北二水承東北逕富平縣故城之下亦疑富誤作鬲也

五代周世宗復屬濱州○按濱州周始置當云改屬

萊州

乾元元年曰萊州○曰上當增一復字

膠水縣

晉屬長廣郡○按後魏書膠東晉屬齊國卽墨晉屬長廣郡

元魏屬北海郡○按後魏書膠東屬北海然考之隋志乃下密縣地耳卽墨魏爲長廣郡治屬下別置長廣縣注云有卽墨城皆漢膠東之地後齊廢卽墨爲長廣仁壽初改名膠水故隋志謂膠水舊曰長廣也此云魏屬北海沿寰宇記之誤元和志同皆循名不言而不核實之過齊爲長廣縣亦疎

招遠縣

州東北○當作州東

萊陽縣

州東北○當作東南

漢縣○當云漢昌陽縣下文乃有所承

高齊廢長廣○寰宇記云廢長廣郡省去郡字無別于縣矣又按記云高齊天保七年移長廣郡自膠東城入中郎城膠東城即後魏即墨縣城中郎城在黃縣東復移長廣縣于膠東城隋志黃縣下云後齊廢東牟郡入長廣郡即謂此也則爾時長廣郡移置黃縣所廢者治即墨之郡耳

黃縣

州西南百三十里○按今黃縣至登州六十里寰宇記九域志俱作五十三里唯元和志作九十里此云百三十里恐誤

福山縣

州東南二百八十五里○今福山縣至登州一百三十里

棲霞縣

州南○當云東南

寧海州

後漢爲牟平侯國○按續漢志牟平非侯國侯國乃東牟耳

魏晉止爲縣○按晉志東萊國無牟平縣後魏書云晉

罷

唐武德四年又于黃縣東中郎城置牟州○按後魏東牟郡卽治中郎城後齊廢東牟郡移長廣郡入焉隋改爲牟州大業初廢唐初又置皆此城也元和志中郎故城在黃縣東一百步而隋志云開皇十六年分觀陽置牟州觀陽在今萊陽縣界疑文帝嘗自黃縣移牟州治此寰宇記顧未之及而特言武德初又于中郎城置則先曾改移可知矣

二州三縣俱廢入文登○按牟州及觀陽縣未嘗廢入文登入文登者清陽廓定二縣耳衍入文登三字

如意元年復登州麟德二年復置牟平屬登州○復登州當云復置登州又按舊唐書麟德二年分文登置牟平縣屬萊州如意元年置登州治牟平蓋貞觀初廢登州及牟平縣故高宗置牟平屬萊州武后乃于縣置登州也如意後于麟德二十八年而敘次倒置如此爲不可解

牟平縣

元朔三年○當作四年

故城在縣西北百里○按寰宇記牟平故城在蓬萊縣東南九十里去寧海州恐不止百里

自牟故城移黃縣東北○牟平故城脱一平字

貞觀二年○當作元年

濟南路

文帝又分濟南國○按文帝分齊郡立濟南國景帝二年爲郡上既云漢爲濟南郡地此乃云又分爲國敘次倒亂

魏建安中分置樂陵郡○衍建安中三字曹魏有樂陵郡見元和志

晉爲濟岷郡○按晉書魏平蜀徙其豪將家于濟河北爲濟岷郡蓋以今濟南北境僑置故宋書云義熙中土斷并濟南否則濟南歷城東平陵等縣初不在濟河北而宋書亦當云改爲濟南不當言并矣後人不知晉書濟南郡下有脫誤而猥以不見地志之濟岷

郡當之非也晉濟南不治平壽說見濰州條下

元魏改爲齊州兼置濟南樂陵二郡○衍樂陵二三字

魏齊州治歷城領東魏東平原東清河廣川濟南太原六郡樂陵則別屬滄州也

開皇十七年于陽信置棣州○棣州隋志開皇十六年置元和志作十六年又作十七年未詳

武德四年于厭次置棣州○按唐初棣州亦治陽信

屬山東東路○當云山東東西道

歷城縣

唐武德三年屬齊州○當作元年

隋唐州郡竝理東平陵後改全節縣○按漢濟南郡治

東平陵晉永嘉之後郎移治歷城見元和志宋魏郡僑置後魏加東字後魏濟南郡隋齊郡唐齊州皆以歷城爲治于氏謂元和後始治歷城誤矣○又按寰宇記廢全節縣在故東平陵西北十五里是全節非東平陵唐書所謂改平陵爲全節者乃武德初郎李滿所據堡置譚州及平陵縣貞觀中更名全節耳此平陵唐初爲譚州治齊州未嘗理此也

章邱縣

上平曰章邱○爾雅本作上正

熙寧三年復移軍使于縣城○宋史作二年

鄒平縣

漢濟南郡有鄒縣有梁鄒後漢以鄒爲鄒平屬濟南國

晉省梁鄒入鄒縣屬樂安國○顧氏曰漢書濟南郡之縣十四一曰東平陵二曰鄒平三曰臺四曰梁鄒後漢書濟南國十城一曰東平陵四曰臺七曰梁鄒八曰鄒平後人讀漢書誤從鄒字絶句因以鄒爲一縣平臺爲一縣齊乘遂謂漢濟南郡有鄒縣後漢改爲鄒平又以臺平臺爲二縣見古蹟此不得其句讀而妄爲之說也○晉時縣名多沿漢舊按何曾傳曾孫機爲鄒平令是有鄒平矣解系傳父修封梁鄒侯是有梁鄒矣宋書亦言晉太康六年三月樂安梁鄒等八縣隕霜傷桑麥不知何故晉書地理志于樂安國

下單書一鄒字此史之闕文而齊乘乃云晉省梁鄒入鄒縣夫晉以前此地本無鄒縣而何從入之乎

景德初徙治廣陽城○按廣陽淄齊州無此城名宋史地理志鄒平景德元年移治濟陽廢縣蓋即元和志云景龍元年于漢梁鄒城置濟陽縣是也寰宇記廢濟陽縣在淄州西北九十四里按水經濟水過梁鄒縣北而濟陽以在濟水北得名恐水有遷改也說見古蹟

棣州

魏建安中○衍建安中三字

隋開皇十年置厭次縣○按隋志十六年置

故城在州東北四十餘里○當作東南

大中祥符四年以厭次與陽信互易其地○宋史作八年

厭次縣

隋開皇十三年復置于樂陵○十三年當作十六年十七年屬滄州○按厭次開皇十六年置其時應屬棣州大業二年併入滄州州廢始爲渤海郡今于氏謂十三年置屬渤海十七年屬滄州皆臆撰也

水經闞駰注曰○當作水經注闞駰曰此酈氏引十三州志也字句亦與水經注小異

陽信縣

至高齊廢○按隋志後齊廢厭次無廢陽信之文于氏

殆以陽信與厭次互易而誤

武德六年州廢○新唐書作八年此與舊書合

大統志云云何用錄此○按水經注馬嶺城在河曲之中東海王越斬汲桑于是城此正陽信地後魏嘗爲厭次治且非大一統志之創文也于氏以爲不必錄疎矣

商河縣

晉置漯沃縣○按隋志滴河有後魏濕沃縣後齊廢其爲晉縣與否不能詳也濕俗省作漯水經注引應劭曰千乘縣西北五十里有大河河北有濕沃城是漢濕沃縣在今高苑縣西北七十餘里也

隋開皇初○滴河開皇十六年置初當作中

渤海縣
析蒲臺置○按唐書析蒲臺厭次置
霑化縣
金明昌四年改曰霑化○金史作六年
德州
隋開皇元年廢郡入冀州○按寰宇記當作三年
貞觀二年廢督府○按舊唐書當作元年
金屬山東東路○按金史當作西路
清平縣
州東○當作州西
德平縣

漢文四年封齊悼王子卬爲平昌侯○按水經注濰水逕平昌縣故城東漢文帝封齊悼惠王肥子卬爲侯國則卬所封乃琅邪之平昌也又按漢書卬以平昌侯立爲膠西王膠西今高密亦于東平昌爲近特王子侯表失其郡名耳于氏引入平原誤

隋開皇十三年屬滄州十六年還屬德州○按十三年當作三年隋書開皇三年廢諸郡故屬滄州也又按德州開皇九年始置還屬亦當作改屬

高唐州之高唐縣

漢縣非古齊高唐也○寰宇記古高唐城在禹城縣南五十里禹城西南境與高唐州接壤春秋時齊地西

至聊攝則今高唐爲齊履無疑不必以其非古高唐所在而外之也

曹州之禹城縣

濟南西五十里○按今禹城至濟南一百里

泰安州之長淸縣

齊公子傒食采于盧○按高傒以王父字爲氏非公子

東昌路之聊城縣

魏晉屬平原因爲郡治焉○後魏書平原郡治聊城縣王城見水經注寰宇記云理畔城非也此蒙魏晉爲文誤

漢志千乘郡別有蓼城縣後漢爲蓼侯國注云東北有

攝城此古齊聊攝也○按漢書地理志曰蓼城都尉治續漢書郡國志曰蓼城侯國注云杜預曰縣東北有攝城今考杜解左傳曰平原聊城縣東北有攝城初未言在蓼城也又按續漢志曰聊城有聶厰注云左傳曰聊攝以東是則劉昭因聊蓼字音之近誤引杜解并忘其自相牴牾矣于氏但據劉注而迷其所出復不見續漢書于東郡之聊城本有聶厰之文而注已引左傳爲證遂别指蓼城爲古齊聊攝此其疎也蓼城後漢屬樂安國今雖未詳所在要是齊北之地不得以爲西界蓼侯國亦脱一城字

茌平縣

左傳哀八年齊取闡杜注云漢東郡茌平縣北有闡鄉○按杜氏哀八年齊人取讙及闡解曰闡在東平剛縣北今兗州府寧陽縣東北有剛城故縣也應劭所謂闡亭當在其北前漢屬泰山郡後漢屬濟北國晉屬東平國後改曰剛平杜晉人故云東平無追舉漢郡之理而于氏以爲在茌平北且以漢東郡繫之考其致誤之由蓋續漢志濟北國五城四曰茌平五曰剛文相連接茌平下云本屬東郡此司馬彪原注本細字升爲大書而剛下則劉昭細字注云左傳哀八年齊取闡杜預曰在縣北有闡鄉刻本或滅去剛字故于氏誤以劉注承茌平本屬東郡而言其實未嘗

儉左傳注也

後魏廢入聊城○按茌平後魏屬平原郡未嘗廢隋志

清河郡茌平下云後齊廢非魏也崩于河者碻磝城

之西南隅魏茌平自治鼓城見魏收書作鼓城寰宇記作布鼓城

貞觀八年又廢○唐書作元年

東平路之東阿縣

兩漢有阿陽無東阿記誤○上云漢爲東阿縣蓋于氏

引寰宇記文故此言其誤也按東阿兩漢俱屬東郡

而前漢平原別有阿陽後漢省廢城在今禹城縣界

是阿陽既非東阿且不得云兩漢有矣

河間路之臨邑縣

漢臨邑縣○按漢臨邑故城在今長清縣西南水經濟水又北過臨邑縣東注云水有石門是也京相璠曰盧縣故城西南六十里有故石門寰宇記盧城在長清縣南五十里自宋于今濟南僑置魏郡而後魏書遂有兩臨邑一屬齊州東魏郡即宋縣僑置者也一屬濟州濟北郡即漢縣屬東郡者也隋志濟北無臨邑縣唯齊郡有之于是僑立之縣相沿至今而漢縣遂廢

建隆初徙治耿鎮○宋史作孫耿鎮

隰陰縣地○漢書作濕陰杜解左傳後魏書寰宇記皆作隰陰按說文濕水出東郡東武陽入海隰阪下溼也二字本不通用濕陰以在濕水南得名師古音它

合反而諸書或作隰故集韻濕亦音習與隰通非古義矣。又按杜氏云濟南有隰陰縣是濕陰晉屬濟南與祝阿皆自平原來隸也可補晉志濟南郡之闕

齊乘 卷四之五

齊乘卷之四

益都于欽思容纂

古蹟

類例有四各以類書近而相證者則聯書不拘以類一曰城郭記古井邑二曰亭館該乎棟宇三曰丘壠丘陵墳衍系焉四曰志聞碑銘詩說終焉凡此皆古人之蹟也蹟于書者人存其政舉蹟于地者人亡其處在過黍離而興悲臨廣武而有歎曠千載而相感者其在兹歟

城郭

廣縣城○益都府南瀑水澗側漢廣縣故城元魏嘗以

置青州遺址猶存土人目爲古青州
廣固城○府西北堯山下齊記云晉永嘉五年刺史曹嶷所築有大澗甚廣因之爲固故曰廣固初南燕慕容德議所都潘聰曰青齊沃壤號曰東秦地方二千戸餘十萬四塞之固負海之饒可謂用武之國廣固者曹嶷所營山川阻險爲帝王之都德從之及劉裕圍慕容超城側有五龍口險阻難攻兵力疲之河間人元文說裕曰昔趙攻曹嶷望氣者謂澠水帶城未易攻拔若塞五龍口城當自破石季龍塞之嶷果請降後五日雷雨震開之慕容恪攻段龕亦塞五龍口龕遂降今舊跡猶存宜試修塞裕從之超城中男女

皆患脚弱病者大半遂出奔爲裕所擒此緣城閉日久氣鬱不通自然生病自古兵革間多有之裕不學故爲元支所誑耳其城爲裕所夷無復遺跡

臨淄古城○臨淄縣北雉堞猶存齊記補謂齊古城周五十里高四丈十三門其西雍門韓娥鬻歌之地又有稷門下立學舍所謂稷下學齊宣王聚文學游說之士鄒衍淳于髡田駢騶奭接子慎到環淵之徒皆賜列第爲上大夫縣北有大夫店由此取名不治而議號稷下學士荀卿嘗爲稷下祭酒又鄭康成云齊田氏時學舍所會號棘下棘稷音相近即稷下也亦魯城地名左傳陽虎劫公伐孟氏入自東門戰于棘下西南有申

門門外申池左太沖賦謂之照華池郡國志謂之左右池即系水原也北曰章華門史記蘇代自燕入齊見于章華門者是也城東北五里餘有雪宮遺址（見寰宇記）又西北系水之側有梧臺水經注楚使聘齊齊王饗之梧宮臺臺甚層秀東西百步亦宋愚人得燕石之處有漢熹平五年碑題云梧臺里又南歇馬臺土人以爲晏子作歌之臺或又以爲簡公之檀臺皆不可攷齊城在戰國時蘇秦謂城中七萬戶漢高又溺愛外婦子以齊言者皆封之故齊地惟此城獨大意其全盛之時車轂擊人肩摩連衽成帷舉袂成幕揮汗成雨者信不誣矣

石槽城○臨淄東十里卽古安平城因城內有石槽故名魯莊公三年紀季以酅入于齊杜注齊國東安平縣有紀季墓北有冢土人云敝無存冢疑卽季墓田單封安平君卽此

西安城○臨淄西三十里耿弇討張步謂西安小而堅卽此東有晝邑城王蠋鄉也弇進軍晝中居兩城之間路史云風俗通有齊大夫晝氏邑孟子宿晝晝在臨淄晝在西安今卽晝水號宿畱水晝乃晝之訛不應有二

索頭城○臨淄東南二十里女水之南後魏慕容白曜圍沈文秀于青州築此城因有索頭村

朱虛城○記云臨朐東六十里孔融爲黃巾賊所敗曾保此城葢融保都昌與此相近又有東陽城亦曰凡

城左氏曰晏弱城東陽又有校音效城武帝封城陽王子雲爲侯臨原城封菑川王子始昌爲侯皆在臨朐東見寰宇記

斟灌城○壽光東四十里寰宇記云斟灌城亦名東壽光自金爲斟灌店按有窮后羿拒太康代夏政仲康子相立依同姓諸侯斟灌斟尋氏羿相寒浞殺羿使其子澆卽奡也殺斟灌以伐斟尋滅夏后相后緡方娠逃出自竇歸于有仍生少康焉杜征南謂壽光縣東南有灌亭漢北海郡有斟縣應劭謂平壽爲古斟尋東南有斟亭京相璠曰斟尋去斟亭七里然則斟國在齊明矣皇甫謐乃謂斟灌在衛臣瓚謂斟尋在河南引夏

都爲證顏監曰應氏止云斟尋本是禹後何預夏國之都乎瓚說非是

紀城○壽光南三十里春秋之紀國通志曰紀本在東海贛榆後遷劇亦稱紀城內有臺高九尺俗曰紀臺城旁有劇南城漢劇縣也爾雅云七達謂之劇驂北海劇縣有此路

王胡城○壽光北二十里古益都城也漢武元朔元年封菑川懿王子胡爲益都侯薨子廣嗣廣薨子嘉嗣元鳳三年坐非廣子免

益城○壽光南十里漢益縣城寰宇記以爲益都城云魏始于此立縣非是土人稱王子胡者正益都城耳

豐城○壽光西二十里輿地記本漢菑川國城司馬懿伐公孫淵北徙豐人住此改曰南豐城

樂望城○壽光東二十里漢宣帝封膠東戴王子先爲樂望侯今曰王望店王望北十餘里又有古城土人名曰女直營金人屯兵之所

延鄉城○水經注千乘有延鄉城世謂之從城延從字相似野溝水出此西北入時水今樂安西北有此城漢元帝封李譚延鄉侯俗又云會城

千乘城○郡國志高苑縣北二十五里古千乘縣以齊景公有馬千駟畋于青丘得名縣北有青丘濼即今清水泊也又子虛賦注曰青丘山名出九尾狐在海

外蓋瀕海耳漢高置爲郡和帝更名樂安國千乘縣竝屬焉至隋開皇初移縣置廣饒此城遂廢其東復有漢利縣古城云

被陽城○寰宇記高苑縣西南漢武封齊孝王子燕爲被陽侯

廢濟陽城○唐景龍元年析高苑置在濟水之北尋廢故城在縣北九十餘里

薄姑城○元和志在博昌東北六十里即殷末薄姑氏舊都今博興東北俗呼爲嫌城者是又書序成王伐奄遷奄君于薄姑奄在魯不知薄姑又是何地

博昌古城○博興南二十里漢博昌縣城金須知博昌鎮或亦

呼爲薄姑城城非是西對古城即延鄉也

利城○樂安西北二十里漢齊郡利縣

平壽城○濰州西南三十里漢縣古城又有廢下密城在州西三里隋開皇中於北海縣置濰州移下密縣于此大業二年併入北海此謂西下密東四十五里有東下密隋開皇中分下密東界爲膠東縣唐武德初廢此城今在昌邑東南俗呼密城拒州不止四十五里又東南有後魏皇興初所置膠東縣城州東南三十里有漢桑犢城並見寰宇記白狼水出小王莊正桑犢地

廢昌樂城○濰州西五十里古緣陵春秋淮夷病杞諸

侯城緣陵而遷杞齊侯與之車百乘甲一千此城東南十餘里有營陵城又南安丘北海界上有起城營陵卽緣陵見漢書注起卽杞耳在漢曰營陵縣元魏又曰營丘謂卽太公所封者非是唐初權置杞州後爲縣宋改曰安仁尋又改曰昌樂國朝至元三年廢入北海今廢城內有玉華宮舊名神游觀宋宗室淄王瑞華堂碑刻在焉

訾城○昌邑縣西北海濱春秋齊師遷紀郱鄑郚杜注北海都昌西有訾城則鄑地俗呼爲瓦城半爲水漸城南有孫武廟

營城○昌邑南五里有大營城北五里有小營城南城

卽古都昌不知何故謂之營城豈孔北海與黃巾相拒屯兵遺跡邪

古諸城○密州西南三十里春秋時魯邑季孫行父城諸及鄆

姑幕城○商侯國漢晉爲縣郡國志引博物記曰城東南五里有公冶長墓寰宇記則謂長墓在密州西北五十里姑幕在莒縣東北百六十里詳此則姑幕城當在密州

昌安城○安丘縣之外城漢石泉城後漢併入昌安在縣西南十里寰宇記謂之安昌城今按張禹封安昌侯乃汝南之縣又云西南十二里有安丘城實一城

耳記皆誤

平昌故城○安丘南六十里漢平昌縣屬琅邪亦爲侯國文帝封齊悼王子卬爲平昌侯後徙封膠西王

郚城○安丘西南六十里春秋齊遷紀郱鄑郚杜注朱虛縣東南郚城漢爲梧成縣後魏于此置平昌郡高齊改爲琅邪縣隋改曰郚城大業末廢

淳于城○安丘東北濰汶二水交處古有此城按通志武王封禹後東樓公于杞汴梁杞縣九世成公遷于緣陵濰州昌樂至文公又遷居淳于號州公春秋州公淳于如曹是也後爲杞所并遷江南杞東樓之孫周亦封于牟婁隱四年莒人伐杞取牟婁今諸城北有婁鄉安

丘南有牟婁山俗訛作朦朧山卽其地

城陽城○安丘南八十里漢城陽國亦曰龍臺城城內有臺高六丈臺下有井與荆水通失物于井或于荆水得之有神龍出入其中故曰龍臺

缾城○安丘南與郚城相近漢武封菑川靖王子成爲缾侯

計斤城○膠州南五里春秋之介根漢計斤縣語音有輕重耳莒子初都此後徙莒今有兩塔對立曰東西計斤

祓城音廢○膠州西南七十里漢祓侯國屬琅邪俗曰肥城廢音之轉也記謂祓城無跡可考當在臨朐者非

是

黔陬城○高密縣西六十里兩城夾膠水而立縣道記曰黔陬秦所置在高密郡東北古介葛盧國也後移縣于膠水西相去三十里謂之東西二城高齊天保閒廢介葛盧墓在東城側

龍且城○高密西南四十里濰水之東楚將龍且所築水西卽且冢冢南曰梁臺韓信囊沙壅水之地亦曰城陰城

夷安城○路史云夷安古維國有維水寰宇記謂今高密縣理東南外城卽夷安城晏子萊之夷維人漢爲縣屬高密國詳此則今縣理正古夷安城西北舊城

乃宋縣耳

高陽城○高密西北三十里漢成帝封淮陽王孫竝爲侯一名膠陽亭大業末廢今有高陽村

稻城○高密西南濰水堰側土人呼堰爲趙貞女防南有高堤謂是岑彭冢皆謬此卽稻城遺跡春秋稱瑯邪之稻自漢有塘堰蓄濰水以漑稻因名其城武帝封齊孝王子定爲稻侯郡國志亦謂之鄭城康成故宅在此旁有稻田萬頃斷水造魚梁歲收億萬號萬疋梁今其遺跡鞠爲榛莽矣

拒城○高密南三十里漢縣根艾水出此東入海今曰拒城河

古膠西城○高密東南二十五里膠墨二水之間隋置膠西縣在此大業末廢于賊土人呼爲諸晏城以前有晏子冢故也

不期城○卽墨西南二十七里漢琅邪郡不其縣有太乙仙人祠及明堂武帝所起寰宇記云古城約周十餘里後漢改屬東萊晉於此置長廣郡高齊廢之隋開皇十六年于此城東北二十七里置卽墨縣今故城在縣西南

皐虞城○卽墨東五十里漢武帝封膠東康王子建爲侯以旁有王吉廟亦曰琅邪城又西有祝兹城漢初徐厲及康王子延年皆封祝兹侯而兩漢無此縣蓋

是鄉聚之名取爲國號耳公孫宏封平津霍光封博陸之類是也

壯武城○地記即墨西六十里古夷國漢壯武縣屬膠東國晉封張華爲壯武侯今華廟在膠州西南即壯武地

莒城○莒州治外郭周四十餘里內城周二十里子城周十二里寰宇記曰縣理在故城城三重皆崇峻惟南開一門無知之難小白奔焉樂毅攻齊守嶮全國列女傳齊人杞梁殖襲莒戰死其妻哭於城下七日而城崩琴操一說殖死妻援琴悲歌曰樂莫樂兮新相知悲莫悲兮生別離哀哉皇天城爲之崩一說妻泣曰上則無父中則無夫下則無子人生之苦至矣乃放聲長號杞城爲之頹遂投水而死其妹

朝日悲之爲作是歌皆後來追述後說近是

海曲城○莒州東百六十里地有東呂鄉太公望所出後漢紀琅邪呂母結衆爲子報仇殺縣長起此赤眉皆其黨今有呂母固

曹公城○莒州南二十里魏武征陶謙所築今曰五花營

高鄉城○莒州東南七十餘里漢侯國宣帝封城陽惠王子休爲侯晉永嘉後城廢疑即今十字路城又有高廣新山昆山皆漢侯國竝在州南無迹可攷

箕城○莒州東北百里箕屋山下濰水出此漢宣封城陽荒王子文爲侯

折泉城○漢侯國記附密州亦云失其所在然水經折
泉水出松山今日分流山在馬耳山西城當屬此地

團城○沂水東北三十里城正圓因名團城隋開皇十
六年嘗于此置沂水縣後廢爲鎮

蓋城○沂水西八十里蓋公先國陳仲子兄戴蓋祿萬
鍾卽此漢爲縣景帝封王皇后兄信爲侯隋開皇中
於此城置東安縣後廢入沂水

向城○沂水西南春秋隱二年莒人入向通志云沂州
有古向城寰宇記云夜頭水一名向水經漢榑城南
入海向城在莒縣南蓋今沂州之向城鎮是也

郚城○沂州東三十六里左傳定公十年叔孫州仇帥

師園郙隋開皇十六年于此置臨沂縣大業二年移縣于今州理此城遂廢通志郙邑又在鄆州須城非是

即丘城○沂州南五十里路史云祝丘祝融氏之後臨沂東南五十里即丘城是也桓五年城祝丘齊魯之音祝即相近漢爲即丘縣至高齊廢今州西三十里乃漢厚丘城土人以爲即丘州南即丘爲新城皆誤

開陽城○今日鄅城 沂州北十五里古鄅國祝融之後風姓又云夏禹之後昭公十八年邾人入鄅杜注謂琅邪開陽開本作啓叔孫州仇城啓陽是也漢避景帝諱改爲開漢官儀曰洛陽城南東第一門始成夜有一

柱止樓上開陽縣上言南門一柱飛去卽洛城門柱
也光武建武四年封子京爲琅邪王初都莒莒有城
陽景王祠神數下言宮中多不利京上書願徙開陽
肅宗許之今城側有京冢廟

郯城○沂州東南百廿里通志曰郯郁姓子爵或曰嬴
姓少昊之後春秋時郯子朝魯能辨古官仲尼師之
城內郯子宣聖共廟後漢志郯有勇士亭古勇士萬
丘欣也

王僧辯城○沂州東北四十里梁將王僧辯所築土人
目爲諸葛城不知所據又州城東北有小營城昔元
帝之發干戍營也

鍾離城○沂州西南百餘里路史云鍾離徐之別封今沂之鍾離城乃晉吳會處其後徙九江吳滅之郡國志謂此城楚將鍾離眛所築按韓信傳眛家在伊盧東海戚朐有此邑城或於其鄉邑耳眛素與信善羽敗眛亡歸信信時爲楚王及高祖僞游雲夢信恐見禽或說信斬眛謁上必喜亡患眛曰漢所不取楚以眛在公若捕我以自媚吾死公隨手矣乃罵信曰公非長者卒自剄信持其首謁陳爲高祖所擒先儒謂李廣之不侯以斬灞陵尉欽亦謂信之不終以負鍾離眛且樊於期以窮歸燕太子丹猶不忍負況眛楚之忠臣已之良友以窮來歸乃始容而後負之可乎

以信之智獨不能如魯朱家爲季布地乎信罪大矣

襄賁音肥城○鍾離城相對漢末劉虞初封容丘侯進封

襄賁侯虞郯人也故封鄉國俗訛作鼇城

古費城○費縣西北二十里古費伯國姬姓懿公之孫

後爲季氏邑顓臾城在北所謂固而近于費

古武城○費西滕東兩縣之間子游絃歌舊邑

南成城○費縣南百餘里齊檀子所守漢侯國屬東海

因南成山而名漢末黃巾之亂鄭康成避難此山有

註經石室

祊城○本陽口城左傳隱公八年鄭伯請釋泰山之祀而祀

周公以泰山之祊易許田許在鄭地祊卽此城寰宇

記云自漢費縣移理祊城後魏太和間自祊城移縣于陽口山隋開皇三年復自陽口移入祊城即今縣理也土人乃以陽口城爲祊城又呼爲許田城皆誤

古承縣城○嶧州城西北小城寰宇記曰前承縣理今縣西一里漢承縣古城也晉已後蘭陵郡或理今州城或理鄫此城自爲承縣宋始移焉

古鄫城○嶧州東八十里夏少康封少子曲烈于鄫傳國至春秋襄公六年莒滅之後屬楚漢晉竝爲繒縣其後省入蘭陵隋初鄫州理承縣城大業二年始移蘭陵郡理此後爲山賊左君衡所據唐武德初平賊復置鄫州理此城

郳城○郳城南邾夷父顔有功于周次子友父別封小邾爲魯附庸居於郳樂史云郳城在承縣土人曰小灰城小邾之訛也

蘭陵城○州東南六十里古魯之次室邑列女傳魯次室女倚柱而歎曰君老太子幼諸女笑之次室女曰君老必愚太子幼必悖愚悖之間其亂必生竟如其言次室邑後爲楚地改曰蘭陵春申君封荀卿爲蘭陵令城南有荀卿墓城北有蕭望之墓欽按君老子幼不得伊周之付託必亂然未亂而先見者少矣以荀卿之智尚不鑑黄歇之敗次室女其賢乎

偪音福陽城○州南五十里古妘姓之國祝融之孫陸終

第四子求言封于偪陽後爲晉所滅後漢爲傅陽縣
屬彭城

古薛城○滕州東南五十里薛任姓顓頊少子陽封于任十二世孫奚仲爲夏車正禹封爲薛侯遷于邳至孫仲虺爲湯左相復居薛六十四世至愍侯洪爲齊所滅奚仲廟在城中墓在城南齊封靖郭君田嬰于此郡國志孟嘗君時薛城中六萬家其城高厚無比以抗楚魏也至今多英傑子弟葢有文之遺風文父子墓竝在焉水經註云冢結石爲郭作制嚴固瑩麗可尋今墓已闕發內如宮室以銅鐵鑄壁扣之有聲堅不可動

仲虺城○俗曰斗城薛城西三十里晉太康地記曰奚仲遷

于邳其後仲虺復居此漷水經城北西入于泗
滕城○州西南十五里古滕國城秦縣之漢初夏侯嬰
初爲滕令號滕公因秦舊孝武改爲公丘故地志以
爲公丘城
濫城○州東南六十里左傳邾黑肱以濫來奔又名昌
慮城後漢建安中曾于此立昌慮縣有藍鄉卽此邑
或又名戚城漢戚朐縣亦屬東海
古邾城○鄒縣南周武王封祝融安期之裔挾于邾爲
魯附庸十二世至儀父始見春秋齊桓興霸儀父附
從進爵稱子又十四世至邾文公乃遷于繹繹本鄒
山故亦稱鄒此城葢其始封之邑也漢嘗以爲南平

陽

郷城○嶧山南二里邾遷于繹依繹山以爲邑漢志曰城東門外有韋賢墓今此山前古城猶存石表大刻曰漢丞相韋賢之墓此亦漢縣也

逢陵城○般陽府東北四十里逢伯陵商之諸侯封于齊薄姑氏代之後太公又代之逢蒙逢丑父皆其後或曰此即丑父之邑也

反蹤城○般陽北記謂齊景公失馬尋蹤遂得于此輿地記云魏明帝景初二年以遼東新沓民渡海來歸于此置新沓縣以居之

萊蕪城○般陽東南六十里齊靈公滅萊萊人播遷于

此邑落荒蕪故稱萊蕪後漢范史雲爲萊蕪長清儉
守節百姓歌之曰甑生塵范史雲釜生魚范萊蕪卽
此邑城西有韶山出鐵代置鐵官范史雲名冉
於陵城○長山縣南二十五里風俗通曰陳仲子齊世
家辭爵灌園居于於陵史記謂於陵在楚路史謂於
陵商世侯國在淄之長山者是余按仲子亦高潔矣
孟子但譏其避兄離母或至敗倫亂俗後世亦曷常
有斯人哉正足以勵衰俗耳
高苑故城○長山北二十里苑城店因此名
古濟南郡城○長山西北蓋漢濟南郡理也
曲成城○萊州東北六十里海邊漢曲成縣三山萬里

沙皆在此晉改爲曲城隋末廢唐武德四年復六年
又廢
當利城○萊州西南四十里漢當利縣至高齊廢又有
陽樂城在當利北陽石城卽陵石侯國在當利南皆
漢縣也見十三州記
臨朐城○萊州北二十餘里漢縣顏監曰齊郡已有臨
朐而東萊又有此縣各以所近爲名縣道記城在海
水祠北約五六里去海二十里然今海廟宋初所建
去海才二三里與古不同矣
沙丘城○萊州北相傳商紂所築始皇崩處按史漢皆
云沙丘在鉅鹿縣此後人附會

挺城（徒鼎反）○萊陽縣南七里漢挺縣屬膠東國

廢昌陽城○萊陽東南二十餘里隋大業間築唐永徽初爲水壞

長廣城○萊陽東五十里貕養澤在西漢縣屬琅邪後漢屬東萊高齊置長廣郡于中郎城後移郡于膠東此城遂廢此即中郎故城耳郡國志石勒遣中郎將石同築此以防海故名中郎城

古卽墨城○膠水縣東南六十里正田單火牛城也漢膠東國領八縣理此俗曰朱毛城北數里有樂毅城毅圍卽墨時所築

平度城○膠水縣西北六十里漢縣膠水經此城北入

海又盧鄉亦漢縣高齊併入膠東故城在平度南十餘里

鯀城〇登州南十五里此亦有羽山相傳是魏將田頽所築城近羽山取殛鯀爲名

烏湖戍〇登州北海中二百六十五里

大謝戍〇北海中三十里二戍皆唐太宗征高麗所置後遂爲鎮永徽始廢

故牟平城〇州東南九十里漢縣城高齊天保七年移縣置馬嶺山此遂廢

古萊子城〇黃縣東南二十五里古萊子國都地名龍門山峽之間鑿石通道極爲險隘土人曰萊子關路

史謂郎萊朱國
大人城○黃縣東北二十里司馬懿伐公孫淵築此城
以運軍儲
徐鄉城○漢縣葢以徐福求仙爲名成帝封膠東恭王
子炔爲侯
士鄉城○鄭康成謂越有君子軍齊有士鄉城圖記皆
云在黃縣按管仲制國爲二十一鄉工商之鄉六士
鄉十五豈一城邪
⿰巾玆城○黃縣西南二十五里漢縣有百支萊王祠高齊
天保閭廢
腄音綞城○寧海州東三十里秦漢負海縣後併入牟平

唐初置清陽縣後廢入文登城對之眔山臨清陽水故名清陽城清陽漢志作聲洋丹水所出東北入海

育犂城○寧海州西北八十里漢縣後漢省入牟平在⿰氵厥港水側其地良沃故名育犂

東牟城○寧海州文登縣西北十里漢縣高后封齊悼王子興居爲東牟侯

不夜城○文登東北八十里海濱漢志云古有日夜出見于東萊萊子立此城有成山日祠雞鳴島解道虎云不夜在陽庭城東南陽庭有青城山始皇射魚處今按青城山卽之眔山也因腄名清陽城故之眔號青城山陽庭卽腄城是

東平陵城○濟南東七十五里春秋譚國齊桓滅之古城在西南龍山鎮相對史記齊世家作郯杜征南謂譚在濟南平陵郯乃東海郯縣從春秋則當作譚以桓公奔莒過郯郯莒相近則當作郯漢爲東平陵縣右扶風有平陵故此加東文帝封齊悼王子辟光爲濟南王都此東晉時此城北石虎一夕移于城南有狼狐千餘隨之迹皆成蹊趙王石虎遂起南寇之計歷代皆爲縣宇文周始廢隋亂土豪李蒲據城歸唐武德二年置譚州平陵縣以蒲爲總管貞觀中州縣相繼俱廢都督齊王祐反士人李君求房繼伯等據縣不從抗表以聞太宗嘉之勅曰齊州平陵百姓自隋末至今常懷忠誠不從寇亂宜加優奬以旌義烈縣依

舊置改名全節其後廢入歷城此城漢爲王都唐爲州治故周二十餘里雉堞高峻三齊記以爲殷帝乙之都按書序自契至湯八遷自湯至盤庚五遷並無都齊者況帝乙乃武乙之子紂之父也武乙帝乙皆居朝歌逮紂而亡豈在此地城西北有陰地數畝天色澄霽亦若雲陰逼視則無記謂青州有地鏡水影蓋亦此類平陵平陵西北十五里有廢奉先縣城

鮑城○濟南東三十里鮑山下禹裔有鮑叔仕齊食采于鮑因以爲氏鮑叔生叔牙進管仲于齊桓其後世爲齊卿鮑城見三齊記山因城名遺山濟南行記作𡶓山誤也

臺城○濟南東北十三里漢高初封戴野爲臺侯又有
平臺城漢縣也在臺城北五十餘里俗曰故軍城
營平城○濟南東三十里漢縣宣帝封趙充國爲營平
侯隋唐皆置營城縣後廢入平陵餘見郡邑
巨合城○濟南東七十五里水經云巨合水南出雞山
北逕巨合城耿弇討張步進兵先脅巨里卽此自宋
爲龍山鎮
祝柯城○濟南豐齊鎮東北二里周武王封黃帝之後
于祝春秋祝柯齊邑漢爲祝阿縣唐以縣南有廢禹
息城改曰禹城禹城移理遷善村此卽祝城也西北
有野井亭郡國志云卽齊侯唁公于野井高唐城見亭館

陽丘城○章丘東南十里漢縣文帝封齊悼王子安爲陽丘侯後漢省至高齊乃以黃巾城立章丘縣

甯戚城○章丘東北三十里水經註楊緒水經甯戚城亦漢孝武封魯恭王子恬爲寧陵侯之邑

朝陽城○章丘北二十五里漢初封華寄爲朝陽侯高齊廢入章丘隋復置改曰臨濟唐屬齊州宋咸平四年復省入章丘以其地爲臨濟鎮古城在鎮東杜預云西北有崔氏城丁公邑

樂安城○章丘臨濟鎮東北八十里地志以爲漢千乘郡後更爲樂安國乃在高苑此葢漢元帝封匡衡侯國耳

亭山城○章丘西南六十里宋元嘉中于此置濟南縣屬頓丘隋開皇初改曰亭山唐元和中省入章丘

管城○章丘臨濟鎭北記引晉太康志以管叔之後封于此齊滅管故其子孫仕齊愚按書稱致辟管叔古史謂管叔鮮罪大無後管夷吾出自周穆王至夷吾始顯豈管叔之後邪鄭州管城乃管叔所封魯有管邑大夫采地惟齊無管城此卽漢之菅城而傳寫致誤

鄒平故城○鄒平西南二十里俗曰趙臺城唐武德初置縣于此後移理今縣城遂廢

隋濟南城○鄒平東北十五里隋開皇中于此置濟南

縣大業初廢入長山

梁鄒城○鄒平東南三十五里漢梁鄒縣高齊天保閒自長山界內濟南故城移平原縣于此城隋開皇初自此移縣入鄒平

豐齊城○濟南豐齊鎮南漢茌縣唐天寶元年改爲豐齊元和十五年廢入長淸地產𥻗夏極佳

濟北城○長淸縣西三十里

盧城○長淸縣南五十里隱三年齊鄭盟于石門尋盧之盟杜注云盧盟在春秋前莫知年代盧卽齊地濟北盧縣故城是也

舊州城○北舊州城棣州南四十里唐棣州理此城五

代梁刺史華溫琪以河水爲害又南徙十餘里土人
謂之南舊州城至宋大中祥符四年清河水復犯此
城乃移州北置今理

富平城○陽信東南十餘里張安世子延壽徙封之邑
亦名邵城西晉末邵續與段匹磾弟文鴦合兵攻石
勒屯此城元帝以續爲平原守後爲石季龍所破

陽信古城○本縣西南七里俗呼城子務

馬嶺城○陽信東十里後魏移厭次理此

大營城○濱州西二十五里金人屯兵所築故丁河口
　金號鐵門關

榷鹽務○州北門外五代之際所置遺跡尚存

鬲城○德州西北古有鬲國漢縣

鄃城音輸○平原西南三十里漢縣屬清河後漢封馬武爲鄃侯即今夏津縣

重平城○德平西北三十里漢渤海重平縣後魏大明閒亦置高齊廢入平昌

繹幕城○平原西北二十里漢縣屬清河高齊省入平原

般城○鉤般河得名郭璞曰水曲如鉤流盤桓也漢縣高齊廢後爲水毀

厭次古城○德州東北二十里本漢富平縣明帝更名厭次元魏時縣東徙馬嶺此其古城

韓信營○平原縣相傳信渡平原襲齊營于此

亭館上

益都宣聖廟○府城西北隅有摹嶧山秦碑極精製旁刻云嶧山秦刻磨滅久矣宋初惟江南徐鉉有摹本賛皇李建中傳寫得之遺余曾祖金紫公傳子孫四世踰百年靖康建炎兵火相尋舊藏文籍散落殆盡獨此刻僅存命善工勒于青社郡舍皐昌甲寅河南李仲坦志下刻云盜發文篋褫去皇帝立國惟初六字不復敢補上下刻志五節不能備載石雖豐棱鄒嶧摹本有間矣有崇寧經史閣碑州縣廟學不煩載有古金石則書

龍興寺○府城西北隅修身坊宋碑云寺即田文宅蓋

本唐封演見聞記云青州南城佛寺舊傳孟嘗君宅有二大鑊造食供客大者容四十石小者容三十石李伾毁爲兵器詳考圖志實非孟嘗君宅乃南史劉善明宅耳碑陰金人刻曰宋元嘉二年但呼佛堂北齊武平四年賜額南陽寺隋開皇元年改曰長樂又曰道藏則天天授二年改名大雲元宗開元十八年始號龍興今寺內有飯客鼓架寺東淘米澗南史劉善明仕宋爲北海太守元嘉中青州饑人相食善明家有積粟自作饘粥開倉賑救鄉里皆獲全濟百姓呼其家爲續命田圖志相傳劉善明宅飯客鼓淘米澗皆當時事豈善明亦嘗事佛故在宋止呼佛堂後

因捨以爲寺且青州城晉羊穆之始築戰國時未有此城田文何故宅于曠野蓋後人止慕其名謂能飯客者必斯人而隱没善明之高義不得不辨寺有北齊八分碑制刻精妙碑陰大刻四字曰龍興之寺蓋唐人續刻者寺後天宮院古老柏院也有石刻布衣張在詩云南鄰北舍牡丹開年少尋芳去又回惟有君家老柏樹春風來似不曾來旁刻云青州教授畢仲愈元豐六年至洛謁太尉文公公曰昔范諷補之好論詩嘗曰青州富庶地宜牡丹春時游樂之盛不減洛陽古今人作詩者甚多而布衣張在一絕最爲可愛補之爲余誦之誠有意思皇祐中余爲青守大

書于西廡之壁今三十年矣予歸試往觀之仲愈還至老柏院其壁已壞因題于天宮院之石柱俾匠者刻之張生之詩既爲四方所傳而詩之所自不可不知也故具書公語而刻于左

城隍廟○龍興寺東者舊相傳金正大間益都有潘府尹者暮見城隍來謁曰公昔典漕枉殺二人今以相付卽有二鬼相隨驅之不去逾年尹死今上淸宮潘尹故宅也柱上猶有斫鬼刀痕事極可怪如近歲濟南憲司有徐好古僉事由分司歸常鬱鬱不語一夕家人熟寐好古忽起抽刀先殺其妻又殺其長子婢媵死者數人惟幼子突窻閒得逸徐乃自屠出腸而

死竟不知其故其居宅後棄爲照磨廳事愚到官始毀之而建架閣庫焉此事衆所目擊四方共聞潘尹事亦不誣矣慮刑者可不戒哉○廟亦隨郡皆有亦不煩載餘如東嶽行祠府君三陵諸祠皆然

普照寺○府東北隅美政坊古名皇化寺僞齊劉豫改名普照相傳南燕主慕容行宮金大定碑刻存焉寺後東陽陵慕容德虛葬之冢近歲始爲人所夷

太虛宮○普照寺南初金季有全真道士丘長春自棲霞西入關過益都知府事徐君館之長春相其宅曰此福地也徐即施與之遂卜築焉井鹵不食使弟子詛茶投之即成甘泉

海岱樓○府城內其西宣慰司公署皆金統軍司衙也

金人有榮鎮中和二堂

范公亭○府西門外文正公知青州有惠政陽溪側出醴泉公搆亭泉上民感公德皆以范公目之燕談云環泉古木蒙密塵迹不到去廛市數百步如在深山中幽人逋客往往琴詩試茗于其間真如物外之游也最爲營丘佳處歐陽文忠公劉貢父張禹功蘇唐卿諸賢多賦詩刻石置亭中其後金人亦有醴泉碑兵後俱亡

表海亭○府城北南陽橋北惟古臺存焉取左傳世胙太公以表東海爲名不知創于何代自歐陽文忠公

知青州已有詩近代任君謨詩有石刻兵後不存有錄之者並載于後

富相亭○府南瀑水澗側富文忠公知青州所建歐公游石子澗詩謂富相公創亭後人又建冰簾堂皆廢徹醉翁筆先賢遺跡殆將泯焉

武成王廟○府北舊城内有宋大中祥符元年真宗御贊碑存焉

碑亭○舊城北世祖皇帝平李璮後賑卹青人民立聖德碑翰林閻復子靜文

國王廟○舊城北王名木華里招降李全有德于青人故立廟

郭大夫廟○齊記補曰劉裕既夷廣固城齊人郭大夫相水土勸羊穆之築東陽城爲青州後人爲大夫立廟于雲門山前或云益都城在山陰其雲門劈山皆始城者疏鑿以宣風氣審爾豈大夫所爲乎府東五十里洱水東岸有郭朴墓碑土人以爲卽大夫之塋也

三元閣○舊府城內寇萊公典郡日所建今廢

羅漢洞○府西山中疑卽齊記補所載七級禪寺

常將軍廟○臨朐穆陵關上齊記補曰將軍秦昭宣帝時爲大峴戍主建元中戰沒後人立廟此山皆石爲之按通鑑晉孝武太元九年謝元乘秦亂遣兵攻青

州降之時苻堅建元二十年也將軍葢與元戰死唐
沈亞之沂水雜記又云沂水北一百里有將軍峴甚
靈民置祠路左將軍曾爲五郡牧姓常名元通因築
城失主將意斬之其屍數日不仆有臺曰立屍臺臺
西南曰鞍山山北有關曰穆陵關李師古不臣作鎮
于此元和初罷之南有沂山山有廟即東安公也沂
州刺史每春月禱于是山山有谷九十九所河分八
大曰沂曰汶汶東注濰沂南流入淸沂山東南有山
曰太平山頂平可八九十里頭歲有寇曾居之山北
十餘里有樹五壇此亞之記所說常將軍事迹與齊
記補不同而齊記補近是今兩存之五壇者劉裕伐

南燕兵過大峴而喜曰兵已過險士有必死之志餘糧棲畝人無匱乏之憂虜已入吾掌中矣遂設祭天五壇遺址尚存

治官祠○臨朐南治原酈道元曰熏治水出西溪溪上有治官祠廣雅云金神謂之清明蓋古治官故取稱焉水色澄清特異中有古壇邃岸凌空疎木交合先公太和中作鎮海岱余總角之年侍節東州此實栖游勝地澠水燕談曰青之南有治原昔歐治子鑄劍之地山奇水清旁無人烟叢錡古木氣象幽絕富韓公之鎮青也聞劉孟節先生槩官不起欲隱此地乃爲築室泉上爲詩以贈曰先生已歸隱山東人物空

古碑猶存而境物因人之勝則蕩然矣

阿育王塔○臨淄城西高僧傳石虎于臨漳修治舊塔少承露盤佛圖澄曰臨淄阿育王塔地中有佛像承露盤虎掘得之齊記補云唐太和中建寺五代無棣僧道圓居之與宋太祖有舊加號蓋國大師增塔為十二級祥符中更名廣化寺又載黃康弼詩云齊野非吳渚支郎是子陵釣臺千古月寶塔萬年燈又臨淄東南天齊淵側有石佛三尊各長丈有八尺不知年代

古天齊觀○臨淄城內金大定間道士楊善淵卜此地建三清觀掘得古甎志云大齊丙戌二年南郭石羊

巷楊道圓施花瓢三千在天齊觀因知此地高齊時天齊觀故基也今南郭石羊猶存

呂仙翁祠○博興城内祠即韓氏酒壚仙翁嘗飲于此書屋壁云呂嵓獨酌洞濱宣和壬寅六月書凡十三字後盜焚民居殆盡惟韓氏室完土人因名爲辟火符靖康間邑人乃于社稷壇碑陰模勒仙書立于祠前社壇碑亦宣和間物圖志攷訂極爲精妙可爲後法愚按仙翁游人間多稱回道人如沈東老詩類是也惟此顯書姓名賓字復加水豈以辟火而然邪州北三十里居民張氏家亦有祠擣衣石上隱然飛劍形影

錦秋亭○博興東南城上中統間邑人所建取坡詩命名蓋齊地菑時般濼衆水瀦爲馬車瀆以入海博興宛在水中舟檝交通魚稻成市昔常過之愛其風景絕類江南賦詩亭上云霜風收綠錦萬頃水雲秋海氣朝成市山光晚對樓舟車通北闕圖畫入南州且食鱸魚美吾盟在白鷗其鱸雖小亦四腮不減松江有蓴菜齊人皆不識目鱸爲豕魚云

孔北海祠○濰州公署後北城上宋政和四年太守安陽韓公建又有論古堂亦韓所搆今皆廢論古堂碑略云學術如逢紛甫譚郎宗鄭康成甄宇徐房徐幹孝友如淳于恭王裒王閎呂元簡節義如禽慶王修

杜松贇正直如牟融周澤王儀是儀韓熙載操尚如公沙穆郝原王昕隱德如逢萌管寧知人如郎顗高構高義如孫嵩劉敏元政事如滕撫張允濟皆足以振揚英聲扶持風教接邦人于道哀其像而繪之名其堂曰論古掖縣簿劉杲卿文與祠堂碑金人修城記三碑竝立于城上州署扁曰靖恭亦有政和石記存焉

玉淸宮○濰州城北丘長春弟子尹淸和建長春在漠北還書誡淸和曰勿化小末人出家蓋道非薄質可受亦名言也書有石刻存焉

寒亭○濰州東二十五里夏諸侯寒伯明之國寒浞者

伯明之讒子也伯明棄之有窮后羿收之以爲己相浞遂殺羿因羿室生澆及豷使澆殺斟灌以伐斟尋滅夏后相后緡逃歸有仍生少康焉有田一成有衆一旅能布德兆謀以收夏衆卒滅寒浞復禹之績此寒國也自古圖志皆載寒亭而俚俗之談極陋以齊無志書故也

斟亭○通志云濰州東南五十里古斟尋國漢北海郡亦有斟縣京相璠曰斟尋去斟亭七里杜征南云壽光縣東南亦有灌亭今按惟壽光之灌城濰州之寒亭在焉餘皆廢葢古人圖志詳明故國廢城皆立亭以爲表志後世蕩析不存爲可惜也

信公祠○澠水燕談云蕭椰字大珍後梁宗室爲青州刺史有惠愛篤信于民及死民爲立祠千乘縣西謚曰信公嘉祐中祠廢重修今有信家莊

葢公堂○密州城内東坡建記以醫爲喻意在介甫比聞爲勢家所奪碑記恐不存矣欽按曹參百戰餘勇宜其剛鋭自視無前及爲齊相乃能賓師葢公以清靜化民稱爲賢相後世武夫健將能若是乎此古人所以不可及也

超然臺○密州北城上坡記曰城之北因城以爲臺舊矣稍葺而新之余弟子由適在濟南聞而賦之且名其臺曰超然石刻具存

城陽景王廟○莒州城內祀漢朱虛侯劉章章齊悼惠王子誅呂有功文帝封爲城陽王漢時惟高廟有神靈王莽畏而毀之城陽廟亦靈異琅邪王京遷都避去赤眉軍中猶鼓舞之蓋其英烈之氣有乃祖之風廟久廢州署內有古槐半體如枯槎而根葉敷茂相傳是章手植益都舊城北南陽水上古亦有廟遺址尚存

馬鬐山神祠○莒州南馬鬐山宋政和四年勅額惠感廟

夷吾亭○蒙陰西北堂阜鮑叔解管仲縛于此今名憚阜音轉也

庸生廟○膠州城西門外冢在廟旁而地記又云庸生
宅在掖縣非是
石臼島龍祠○膠州海邊宋紹興三十一年封佑順侯
賜額威濟廟完顏亮南侵遣舟師由海道趨兩浙宋將
李寶遇于膠西海口禱于神祠得風助順遂殪金師
故加封
靜治堂○沂州公署後堂宋人建有元祐六年新掛蓮
花漏碑云刻漏之法莫如燕公潼川之制訪求得之
于營丘之白門蓋歐陽文忠公因燕公之舊而新之
者又參取翰林蘇公子瞻所爲彭門記者而制焉靜
治堂後舊有香林館思賢堂雨聲軒三休亭平野亭

惟靜治平野三休在焉至元初碑云宋時郡治堂宇
壯麗者旹舊猶能道之兵後焚毀無遺僅存而可考者
惟金防禦使鄭景純一碑而已景純有南柯子十愛
詞石刻王黃華雨聲軒碑亦存
普照寺○沂州城西金皇統四年仲汝尚碑云當子城
西南有古臺臺西有廢池者旹舊相傳臺曰曬書池曰
澤筆東晉王右軍故宅也往歲得斷碑于土中謂招
提復興于後魏唐賜額開元宋崇寧初詔改爲天寧
萬壽禪寺逮廢齋居攝專用苛政理國知衆不附尤
狹中多忌凡浮屠老子之居一切廢革遂易天寧爲
普照云按寰宇記此名亡承嘉臺瑯邪王睿所築與此

不同記又云沂州東北三十八里故臨沂城南有王
導故宅亦無跡可攷
枅毅廟○沂州艾山宋元豐二年封靈鎮侯政和五年
賜額昭應
酺神廟○艾山東厚丘城側周禮族長祭酺酺災害神
主生蝝螟故祭之因合衆飲酒後世遂有酺賜
蒼山廟○沂州南蒼山宋元豐三年封豐德侯政和六
年賜額靈豐
昭濟王廟○費縣蒙山神宗熙寧八年賜額靈顯廟封
潛應侯元祐七年進封公大觀二年封昭濟王政和
五年封昭濟惠民王

顔魯公祠○費縣東門外宋職方員外郎曹輔碑云公有廟在費東五十里諸滿村元祐六年楊元永爲邑建新廟于此定海主簿秘書省校對黄本書籍秦觀書丹碑陰復刻米芾書云公之使賊也謂餞者曰吾昔江南遇道士陶八八得刀圭碧霞餌之自此不衰嘗云七十後有大厄當會我于羅浮山此行幾是後公死于賊歸葬偃師北山有賈人至羅浮山覩道士弈託書至偃師北小顔家及往訪之則塋也守冢蒼頭識公書大驚家人卜日開壙棺已空矣元祐二年九月余游吳興適覩邦人新公之祠因得謁拜公像嘗閲洛中紀異載公前事刻于碑陰以貽續仙傳者

云又王仁裕玉堂閒話載公遭難後十餘年家僕于
洛京見公衣白衫張蓋歸城隅菜園有破屋數閒僕
隨入拜之公出懷中金十兩以寄其家戒僕勿與人
言公之子亟至但見滿目榛蕪而已時人皆云魯公
尸解得道然此或即一事而記有異同公英烈之氣
在天地閒非仙即神則無足疑者
二疏宅○嶧州東四十里羅滕城墓亦在焉城周五六
里土人指以爲宅按二疏歸鄉里顧有舊田廬娛樂
終身不爲子孫增益產業寧有如是之宅乎即城內
古寺其故基也海州有景疏樓
絃歌堂○滕州公署後子游之武城近在州東故取名

宋人有鄒堂以山谷鄒操取名又有公堂見坡記今竝廢

性善書院○滕州城內

伏羲廟○滕州染山愚按顓臾風姓實司太皥之祀鄒魯有廟是也伏羲都陳謂州東鳧山有墓則非也

陶朱公廟○滕州陶山按陶本作桃卽古之華采山也後人因陶之訛遂以祠陶朱

趙盾祠○滕州高山唐元和志盾祠在絳州太平縣宋會要在府州府谷縣皆晉地今此有祠何也且宣子固晉之賢大夫董狐以其亡不出境還不討賊爲法受惡書曰弒君孔子韙之所以戒萬世亂臣賊子之黨也後世乃廟而祀之賊黨何所懼乎盾祠當毀又褱

宇記長清縣東北有盾墓亦後人附會自
宋有天下譜系趙孤祠墓之衍蓋由此也

子思書院○鄒縣城內

鄒國公廟○鄒縣城內地名因利溝謂即孟子故宅宋
元豐五年封政和五年詔孟子廟以樂正子配享公
孫丑以下從祀其封爵樂正子克利國侯公孫丑壽
光伯萬章博興伯浩生不害東阿伯孟仲子新泰伯
陳臻蓬萊伯充虞昌樂伯屋廬連奉符伯徐辟仙源
伯陳代沂水伯彭更雷澤伯公都子平陰伯咸丘蒙
須城伯高子泗水伯桃應膠水伯盆成括萊陽伯季
孫豐城伯子叔承陽伯

靈貺廟○鄒縣嶧山神祠宋大中祥符元年封靈巖侯

崇寧四年賜額

齊乘卷四

益都李文濤秋水校

齊乘卷四考證

古蹟

四曰志聞碑銘詩說終焉。按于氏所云志聞亦如近世府縣志有藝文一類而今本止存城郭亭館邱壠三類並無碑銘詩說等文是此編特草創之本未爲完書故舛誤有所不免也第四卷風土有風俗而無土產亦僅見于總序云

廣縣城

元魏嘗以置青州。按水經注陽水東北流逕廣縣故城西舊青州刺史治亦曰青州城此謂西漢刺史治東漢則郡國志曰臨菑刺史治矣晉初治臨淄沿後

漢之舊義熙中自廣固移治東陽城後魏書曰青州司馬德宗治東陽魏因之是也于氏于沿革云漢置青州刺史不常所理此又云元魏以廣縣置青州不知元魏青州治東陽史有明文廣縣晉初已廢豈得更爲刺史治乎酈注所言故城舊治皆漢代遺跡太守理臨淄刺史治廣縣則不可謂無常理也

石槽城

杜注齊國東安平縣有紀季墓○按杜云酅紀邑在齊國東安平縣不言有季墓

朱虚城

記云○當作寰宇記

王胡城

元朔元年封菑川王子胡爲益都侯○按漢書王子侯表胡以元朔二年封

豐城

輿地記本漢菑川國城○按水經注益縣故城郭南豐城又壽光南三十里之劇城爲菑川國治安得別有豐城本漢菑川國乎于氏說誤

樂望城

漢宣帝封膠東王子先爲樂望侯○先漢書作光

延鄉城

野溝水出此○水經注作盋野溝

漢元帝封李譚延鄉侯○按漢書功臣表譚以成帝永始四年封

廢濟陽城

故城在縣北九十餘里謂高苑縣北○按濟陽廢縣卽今之鄒平縣治樂氏寰宇記云在州北九十四里者謂淄州淄川縣之北據元和志亦當作西北也于氏誤以爲在高苑北九十餘里則其去濟水遠矣今小清河爲濟水故道

博昌古城

西對古城卽延鄉也○按于氏前云延鄉在樂安西北則處博昌之東矣此又云西對古城爲延鄉皆臆揣

也

利城

樂安西北二十里○按水經河濟下流皆過利縣又東北入海故城當在今高苑縣北千乘城之東北去樂安恐不止二十里

昌安城

安邱縣之外城漢石泉城後漢併入昌安在縣西南十里寰宇記謂之安昌城又云西南十二里有安邱城實一城耳○按寰宇記石泉故城在安邱縣西南六十里漢安邱縣城在縣西南二十里與于氏所引里數不合又按水經注云濰水又北逕石泉縣故城西

又北逕平昌縣故城東濰水過安邱東界故安邱縣志謂漢平昌在今諸城安邱之交地名柴溝則石泉非縣西南亦不止十里可知當作東南六十里水經注又云濰水又北昔韓信與龍且陣于此水西有厲阜又北逕昌安縣故城東厲阜在今安邱東五十里昌安縣在其北則不得爲縣之外城矣唐輔唐縣治昌安城非今縣理于氏誤引寰宇記耳水經注又云汶水又東逕安邱縣故城北城對牟山牟山在今安邱西南十五里則漢安邱城自在今縣西南石泉城在東南昌安城在東各不相涉于氏以爲一城殊混

平昌故城

漢平昌縣屬琅邪○按安邱縣志漢平昌城在柴溝爲諸城界又引隋志云郡城舊置平昌郡後齊廢郡置琅邪縣大業初改名郡城即漢之梧成縣非平昌也則此條所謂平昌故城乃後魏之平昌郡下云郡城在安邱西南六十里者實一城也以爲漢平昌縣誤矣

淳于城

至文公又遷居淳于號州公春秋州公淳于如曹是也○按左傳正義引世本云州國姜姓春秋經書州公傳言淳于公杜解云淳于州國所都是也杞并淳于在州公不復之後非杞伯别號州公而又妄造州公

淳于之稱亦爲不通矣
周亦封于牟婁○按春秋莒人伐杞取牟婁杜解但云杞邑蓋杞之初封本在開封府杞縣牟婁非其都也于氏謂周封杞于此誤

城陽城

漢城陽國亦曰龍臺城○按水經注平昌縣故城東南角有臺臺下有井與荆水通昔嘗有龍出入其中故世亦謂之龍臺城是龍臺城卽平昌故城矣漢城陽國都莒卽今莒州與龍臺城初不相涉而牽合爲一可怪也

黔陬城

高密縣西六十里○按今膠州故黔陬地而高密在其西北此云黔陬在西誤矣水經膠水北過黔陬縣西又北過夷安縣東夷安今高密則黔陬當在縣之東南郡國縣道記所謂在今郡東北百一十里者指諸城言耳今膠州在唐及宋初爲高密之板橋鎮元祐三年始置膠西縣故寰宇記云黔陬城在諸城東北計斤城在高密東南也于氏當元世已立膠州則黔陬自應云在州南而仍以高密繫之非是

龍且城

高密西南四十里○寰宇記作五十里

夷安城

古維國○當作古夷國

高陽城寰宇記高密縣西北三十四里

漢成帝封淮陽王孫竝爲侯一名膠陽亭○按漢書地理志膠陽侯國屬北海郡高陽則别屬琅邪王子侯表膠陽侯恁高密頃王子以成帝建始二年封三十九年至王莽篡免侯而高陽侯竝封于平帝元始元年時高密王子恁正侯膠陽其不得爲一國明甚水經注膠水又北逕膠陽縣東又東北會張奴水按其地適在高密之北則此城爲膠陽故縣無疑流俗以膠音近高因譌其讀而寰宇記遂附會侯竝封國又以平帝爲成帝于氏承之其誤宜矣

皐虞城

卽墨東○寰宇記作東北

又西有祝茲城。按水經注膠水出膠山北逕祝茲城東恐不應在卽墨境内

壯武城

古夷國。按杜解左傳夷國在城陽莊武縣卽壯武通志則云夷都夷安考夾漈自注蓋謂晉壯武治夷安城也

團城

沂水東北三十里隋于此置沂水縣後廢爲鎭。按水經注沂水又東南逕東莞縣故城西東燕錄謂之團城魏南青州治寰宇記云縣理城本漢東莞縣城也南燕于此置團城鎭隋開皇十六年于此置沂水縣

是團城卽漢東莞縣城且爲今沂水治矣于氏于郡
邑旣云漢東莞縣卽今縣城而此條又云團城在沂
水東北三十里豈以水經注鄆亭在團城東北四十
里因誤指鄆亭爲團城與南燕團城鎭前于開皇之
置縣二百年而謂隋縣後廢爲鎭亦誤

蓋城

沂水西 ○ 寰宇記作西北

向城

沂水西南 ○ 當作沂州西南

開陽城

鄅國風姓 ○ 當作妘姓

光武建武四年封子京爲琅邪王○按後漢書京以建武十五年封琅邪公十七年進爵爲王此云四年封誤

鍾離城

東海戚朐有此邑○按漢書注劉德曰東海朐南有此邑戚別爲縣不當與朐連文

昧曰吾死公隨手矣○按史記曰吾今日死公亦隨手亡矣漢書曰吾今死公隨手亡矣脫一亡字似不可通漢所不取楚所下亦脫以字

古費城

古費伯國○左傳隱元年費伯帥師城郎杜云費伯魯

大夫二年司空無駭入極費庈父勝之杜云庈父費伯也則費貫爲庈父采邑非國也自寰宇記以爲費伯國誤

古鄫城

大業二年移蘭陵郡理此○按隋志蘭陵郡開皇初廢大業初改承縣爲蘭陵縣無置郡之文于氏說誤

郳城

鄫城南○兗州府志在滕縣東一里

偪陽城

後漢爲傅陽縣屬彭城○按漢書地理志楚國有傅陽故偪陽國不必後漢始有

濫城

後漢建安中曾于此立昌慮縣○按三國志建安三年分東海爲昌慮郡此葢誤以郡爲縣也

或又名戚城漢戚朐縣亦屬東海○按兗州府志漢戚縣故城在滕縣南七十里周回四里非郎東南之濫城也又按漢志東海郡有戚有朐朐縣故城在今海州西南于氏合戚朐爲一縣誤

古邾城

又十四世至邾文公○衍又字

郳城

嶧山南二里○疑郎邾城于氏誤分爲二據寰宇記則

漢以郰城爲南平陽者乃孔子父叔梁公所治之邑

後魏地形志郰縣有叔梁紇城卽樂記之郰城矣

逢陵城

逢伯陵逢蒙逢丑父○按逢字左傳釋文無音杜氏通典逢伯陵音蒲江反孫氏孟子音義逢蒙音薄江切字竝从夅不从夆然考說文無逄字則姓氏亦當作逢蓋江韻本與東冬鍾爲一部薄江之切古音卽薄工切也當以从夆音蓬者爲正矣

反蹤城

魏景初二年○寰宇記作三年

古濟南郡城

長山西北漢濟南郡理○按通典及寰宇記皆有此城歷城縣志以爲由濟南都尉治於陵而誤然於陵故城既在長山縣南豈容西北別有都尉治所則非由此致誤也蓋隋志長山下之濟南縣今雖爲鄒平地而舊屬長山故謂縣爲郡因附會漢代耳此條當刪去併入隋濟南城

曲成城

隋末廢○當云後齊廢隋志掖縣後齊併曲城當利二縣入焉

當利城

萊州西南四十里○寰宇記作三十六里

陽樂城在當利北○寰宇記引十三州志云在當利縣
東北二十里
陽石城在當利南○按寰宇記在掖縣南當利故城東
于氏蓋誤以掖爲當利
廢昌陽城
隋大業間築○按寰宇記漢昌陽縣故城在文登縣西
南三十里舊唐書以隋縣爲漢古城誤
長廣城
高齊置長廣郡于中郎城後移郡于膠東此城遂廢此
卽中郎故城耳○按元和志中郎故城在黃縣東一
百步後魏于此置東牟郡而長廣郡自治膠東城在

今平度州東南元膠水縣後齊天保七年廢東牟郡自膠東城移長廣郡入中郎城又移長廣縣于膠東城併即墨入焉後魏地形志長廣縣有即墨城康王山祠金泉山皆在今平度州東是魏分即墨東境置長廣縣故後齊與即墨省併爲一通名長廣也隋改爲膠水夫長廣郡治中郎城終高齊之世旣未嘗改移而膠東城自爲長廣縣亦非郡治況所移乃後魏之縣與此條長廣故城爲漢縣者無干于氏不察誤以後齊之長廣郡爲漢縣而以其縣爲郡于是黄縣東一百步之中郎城與萊陽縣東五十里之長廣城遂混而一之矣

平度城

膠水縣西北六十里○寰宇記作六十七里

故牟平城

高齊移縣置馬嶺山○寰宇記高齊移牟平縣于今黄縣東七十三里馬嶺山南置

古萊子城

當作古黄縣城漢縣城也

徐鄉城

成帝封膠東恭王子炔爲侯○恭漢書作共又按王子侯表徐鄉下有齊字當屬齊郡恐是鄉聚之名非東萊屬縣也

士鄉城

鄭康成謂云云○康成下當有傳字此孔北海告高密縣教非康成之言

東牟城

文登縣西北十里○元和志作一百十里寰宇記脫去百字

不夜城

文登東北八十里○元和志作八十五里

東平陵城

隋亂土豪李蒲據城歸唐○元和志作李滿新舊唐書俱作李義滿唯寰宇記作蒲蓋傳寫之誤

李君求○舊唐書作君球義滿之子通典寰宇記作求

此城唐爲州治○全節非東平陵于氏以爲一城誤辨

見郡邑

帝乙乃武乙之子○按史記帝乙乃太丁子武乙孫

平陵西北十五里有廢奉先縣城○按奉先無此縣名

歷城縣志以爲全節之譌是也

鮑城

濟南東三十里○寰宇記作三十四里

臺城

濟南東北十三里○歷城縣志曰水經濟水又東逕華

不注山又東北過臺縣北華不注山已去今縣城十

五里齊乘乃謂臺城在東北十三里詳求其故蓋不知寰宇記所謂臺城在縣北一十三里乃蒙上廢全節縣而言也以此求之則與水經通典合矣（通典全節縣下云漢臺縣故城在今縣北）又有平臺城漢縣也在臺城北五十餘里○按漢志濟南郡無平臺縣刻本或以鄒平縣之平字屬下臺字而鄒下誤空一格故于氏分臺與平臺爲二說見郡邑鄒平縣下歷城縣志曰寰宇記誤以臺爲平臺齊乘遂竟分爲二其誤不自齊乘始也

營平城

濟南東三十里○寰宇記引三齊記作四十里此從述

征記又按歷城縣志以營城爲隋縣非漢營平謂一統志以營平在今縣城西是爲近之而未詳所本今考一統志所云營城在縣西二十七里卽營平邑者乃引寰宇記之文亦蒙上廢全節縣而言非今縣城西也營城縣隋開皇十六年置三齊記述征記二書皆前乎此而已有營城之名則其爲營平之省文無疑義矣

祝柯城

西北有野井亭○杜解左傳野井亭在祝阿縣東

甯戚城

漢武封魯恭王子恬爲寧陵侯之邑○恭漢書作共寧

陵作寧陽

樂安城

此葢漢元帝封匡衡侯國○按水經注臨濟縣故狄邑也地理風俗記云樂安太守治葢西漢千乘郡治千乘故城在今高苑北東漢樂安國治臨濟則寰宇記云故樂安城在臨濟縣東北八十里是也唐宋濟南郡之臨濟在章邱北爲漢東朝陽縣地而臨濟故城在其東境故隋改朝陽爲臨濟取漢舊名也于氏不知樂安城卽故臨濟而猥以匡衡所封當之衡所封爲臨淮僮縣之樂安鄉與千乘濟南何涉乎

亭山城

章邱西南六十里○濟南府志作四十里

宋元嘉中于此置濟南縣屬頓邱○按宋書州郡志無濟南縣元和志云宋于此置衛國縣屬頓邱郡開皇六年改為亭山縣隋書地理志云亭山舊曰衛國蓋頓邱衛國皆僑立郡縣後人不察遂譌其名矣濟南府志亦云宋置濟南縣

梁鄒城

鄒平東南三十五里漢梁鄒縣○此據寰宇記按元和志景龍元年于漢梁鄒城置濟陽縣而宋史地理志云景德元年移鄒平治濟陽廢縣故胡朏明禹貢錐指謂今之鄒平縣治即漢梁鄒故城唐置濟陽縣者

也寰宇記作于太平興國中鄒平縣尚治唐舊治今縣之西北爲齊東縣界則謂梁鄒城在東南三十五里者據唐縣而言耳宋景德後徙鄒平治唐濟陽廢縣金元以來皆因之齊乘于郡邑當云今鄒平縣治卽漢梁鄒故城乃誤于古蹟別存梁鄒城以唐縣相距里數移指今治疎矣前鄒平故城下言在今縣西南二十里爲唐武德初置者亦同此失○濟陽在濟水北與水經過梁鄒北不合蓋川瀆流移耳

濟北城

長淸縣西三十里○此隋志濟北縣城盧縣城乃爲濟北郡治城上當加縣字以別于郡國

鬲城

德州西北○按元德州卽今陵縣鬲城德平志云在縣東則西南距陵縣八十里也

般城

寰宇記在德平縣東北二十五里濟南府志云三十里

厭次古城

德州東北二十里本漢富平縣明帝更名厭次○按水經注敘商河所逕自平原安德下歷平昌般縣樂陵朸縣馬嶺城始逕富平縣故城北引應劭曰明帝更名厭次又云史記高祖功臣侯者年表高帝六年封元頃爲侯國徐廣曰漢書作爰類是知厭次舊名非

始明帝葢復故耳據此則富平縣在馬嶺城東卽厭次故城不容于安德縣今陵東北別有厭次而齊乘云云葢因寰宇記安德縣東四十里有東方朔祠以朔爲厭次人故有此附會濟南府志遂以在陵縣神頭鎭者爲西漢之厭次明帝更富平爲厭次縣者乃東漢之厭次其意似謂西漢富平縣非卽厭次不知水經注云富平縣西有東方朔冢冢側有祠是則厭次富平名有更易地無遷改陵縣故安德曾爲平原郡治以曼倩平原人故郡治亦有祠廟何預厭次之城乎

龍興寺

唐封演見聞記云青州南城佛寺舊傳孟嘗君宅○見聞記當作聞見記南城封氏本書作城南

寺有北齊八分碑碑陰大刻四字曰龍興之寺葢唐人續刻者○按此四字本李北海書龍興寺額宋元祐初摹刻于婁定遠像碑之陰左方有濟南孫蕤題跋于氏偶未見耳

石刻布衣張在詩○按歸潛志孫鐸再授戶部尚書于聽事壁間書唐人詩云云卽此詩也唯次句又字作末而誤以宋爲唐金史則云對賀客誦古人詩葢知其非唐人而不能的指其爲宋也第三句君家金史作庭前澠水燕談錄載此詩次句作年少尋芳日幾回教授畢仲愈作畢仲甫

表海亭

自歐陽文忠公知青州已有詩近代任君謨詩有石刻兵後不存有錄之者竝載于後○按此云竝載于後即總序所謂志闕也今本無

國王廟

王名木華里○元史作木華黎

羅漢洞

府西山中疑即齊記補所載七級禪寺○按水經注陽水逕七級寺禪房南敘于石井水北注陽水之下不應在山中豈齊記補別有七級寺但取舊名歟

常將軍廟

沈亞之沂水雜記云沂南流入淸○按宋史謂泗水爲

南淸河據此則唐人已有是稱

孔北海祠

宋太守安陽韓公建○韓公名浩見萊州府志

蒼山廟

沂州南蒼山○水經注作倉山第二卷沭水條下從水

經注

鄒國公廟

浩生不害東阿伯○宋史禮志作告子不害

齊乘卷之五

益都于欽思容纂

亭館下

開元寺○般陽城內通志唐李邕書開元寺碑在淄州今寺內無邕碑而晉人小楷樂毅論石刻在焉葢淄川東有樂毅廟東十八里地名樂店石移寺中子昂公嘗屬余打數本每以印手不高爲恨土人亦不知爲貴

懷范樓○長山縣金人所建有泰和碑刻

范公祠○長山縣宋治平二年尙書祠部員外郎知長山縣事韓澤建

李勣廟○般陽北廿五里

東海淵聖廣德王廟○萊州西北二十里漢以來古廟
宋開寶六年勅建叅知政事賈黃中碑
四知廟○萊州東門內祀漢東萊太守楊震
無訟堂○萊州公署後宋政和間建
劉將軍廟○萊州城內晉東萊太守有德於萊人故祀
之
幸臺○萊州城內相傳漢武帝東遊訪安期生所築有
碑字滅不可攷
燕臺○萊州城北慕容德以掖爲青州築此臺觀
六龍灣龍祠○萊州北前有輪井石口如車輪號曰天
井能興雲雨金泰和間禱澍有感碑記存焉

三山亭○萊州城北東坡有詩

僊臺○膠水縣東北五十里青山下列仙傳公沙循飲白鶴泉得仙嘗止此臺之上臺極峻絶今不可登

游仙宫○萊陽縣南馬冉陽得道之地

賓日樓○登州公署後東坡志林云東坡居士移守文登五日而去眷戀山海之勝與同僚飲酒賓日樓酒酣作木石一紙投筆而歎自謂此來之絶河内史全叔取而藏之樓側舊有納川亭東有頌德堂

蓬萊閣○登州北三里海濱田横寨相對本海神廟基宋治平中郡守朱處約以其地太高峻移廟西置平地於此建閣實爲山海登臨勝槩閣下有獅子洞洞

前有泠然泉古稱浪井潮生浪起則沒水退則甘冽如故舊有甘泉亭閣下碎石爲海浪淘激歲久圓滑土人謂之彈子渦黑白者可以奕坡公嘗取數百枚養石菖蒲作詩遺垂慈堂老閣上古今題詠甚多而宋人秦樓月一詞頗飄逸詞云烟漠漠水天搖蕩蓬萊閣蓬萊閣朱甍碧瓦半浸寥廓三山謾有長生藥茫茫雲海風濤惡風濤惡仙槎不見暮沙潮落登人皆歌之

濱都觀○棲霞縣北五里丘長春祖宮遺山云丘赴龍庭之召億兆之命懸于好生惡殺之一言誠有之則雖馮瀛王之對遼主不是過自是黃冠之人十分天

下之二子有感焉 清真觀記

秦宫○寧海州文登縣東北百八十里古老相傳始皇所築東南臨海縣有七井後人因立祖龍廟

朝陽亭○文登縣宋慶歷間建

舜廟○濟南府城第二坊按圖經古舜祠在廟山舜井在此今廟在井傍有宋碑城外古舜坊即廟山故道

娥英廟○趵突泉側祀娥皇女英今廢

宣聖廟○憲府東大明湖上有宋崇寧賜辟雍詔大觀御製政和手詔三碑在焉

歷下亭○府城驛邸內歷山臺上面山背湖實爲勝絕少陵有陪李北海宴歷下亭詩

鵲山亭○城北鵲山湖上少陵詩序登歷下員外新亭
亭對鵲山湖者是也今廢

北渚亭○水經註濼水北爲大明湖西有大明寺水成
淨池池上有亭卽北渚也池今名五龍潭潭上有五
龍廟亭則廢矣湖上舊有水西亭環波亭竝見南豐
子由諸賢詩今廢

仁風廳○舊府治卽今憲司前衙也其後靜化堂禹功
堂芙蓉堂名士軒竹齋凝香齋水香亭采香亭芍藥
廳竝見蘇曾諸公詩今卽後堂有宋元祐名士軒碑
廳西古竹猶存芍藥尚餘數本

歷山堂○濼源堂○舊在趵突泉上北堂曰歷山南堂

曰濼源南豐知齊州日建此以館客有齊二堂記城內又有閱武堂亦見公詩又有望湖樓李師中所建皆廢泉西金人建勝槩樓亦壯麗近亦爲水所壞百花橋○今曰鵲華大明湖南岸橋南百花洲洲上百花臺環湖有七橋曰芙蓉曰水西曰湖西曰北池之類是也南豐詩云莫問臺前花遠近試看何似武陵游又云從此七橋風與月夢魂長到木蘭舟槩可想見今皆廢矣惟百花橋與濼源石橋僅存濼源橋在城西子由作記欽按濟南東藩名郡自唐李北海杜子美宋曾南豐東坡兄弟相與登臨歌詠於湖山之上當時政治風流猶可想見而亭館廢百無一二

今人亦那復知之方且戚戚于矯飾汲汲於貪級以
此馳騖一世反有竊笑古人者矣
酈食其廟○府城內今廢章丘臨濟鎮南有酈商冢者
卽食其冢也食其爲田廣所烹故齊有墓弟商不應
葬此
開元寺○府城內建于唐
祐德觀○府城內唐碑云瑞氣觀宋曰天慶金改祐德
觀內古有扁鵲祠金人因創神農廟碑記存焉
靈巖寺○府南八十里靈巖山中其山與方山相連南
接泰山北帶龍洞極爲深秀疑卽水經之玉符山也
寺乃佛圖澄卓錫之地有立鶴泉佛日巖辟支塔自

山麓至寺門十餘里古松參天亦謂之十里松歷代碑志具存

天齊山廟○府城內按漢志濟南國治東平陵有天山郡南山也以其在齊因曰天齊山猶臨淄淵曰天齊淵者是也俚俗乃云山高與天齊不經甚矣

高唐亭○濟南豐齊北古高唐地有此亭

謝恩臺○棣州北亡金賑饑所立有金碑

廉頗相如祠○棣州陽信縣

李牧祠○陽信縣按趙將相有祠在此豈西北界趙廉藺亦嘗與齊戰齊人慕其賢而祀之云有墓者非是

秦臺○濱州東十三里高八丈周二百步相傳秦始皇

東游縈蒲繫馬之處亦名蒲臺般陽之蒲臺縣以此氏焉

真祐廟○濱州城內祀齊客茅焦兄弟宋大觀三年賜額真祐廟政和六年兄封允濟侯弟彊濟侯金末祠廢土人呼爲茅神臺

段子明祠○子明齊將有墓在蒲臺宋元符三年賜額善應廟建中靖國元年封善應侯俗云段干木者非是

德風堂○德州公署舊堂

鬲津堂○舊在德州

顏魯公廟○德州城內燬于兵至元廿三年即故基重

建

管輅祠〇平原城內

唐明宗廟〇五代唐莊宗拔德州以李嗣源守之莊宗敗嗣源入大梁是爲明宗民號其屯兵之地爲明靈寨即今清平縣也立廟祀焉

龍泉寺〇平陰東南四十里齊天統中建下寺有石刻劉豫阜昌三年皇子皇弟符改甲乙院亦有碑又阜昌中題名最多佛像古雅皆數百年物上方大佛與龍泉觀音非晚唐人不能造

丘壠

蘇秦冢〇益都府東二十五里秦自燕奔齊齊大夫與

秦爭寵使人刺秦不死殊而走齊王求賊不得秦謂齊王曰臣卽死車裂臣以徇于市曰蘇秦爲燕作亂于齊如此賊必得矣齊王如其言殺秦者果出王因而誅之秦死猶詐也裂其軀而不恤哀哉般陽西又有秦冢與此爲二豈葬而復詐乎嘗論戰國之士以詐功耀天下者秦儀也秦洛陽人儀魏人乃曰齊人多詐置二子于何地乎

營丘○臨淄西二里塔寺後爾雅云水出其左曰營丘淄縈其東南故以名也晏子曰先君太公築營之丘謂太公築邑此地通志云營丘卽今臨淄縣或云在濰州昌樂其地本顓帝之墟爽鳩始居其後季萴伯

陵因之太公又因之按顓帝都于濮陽少昊時爽鳩已居營丘又爲顓帝之墟何耶在昌樂者乃營陵城元魏誤以爲營丘而縣焉營丘之上自唐長慶閒立太公桓公廟今惟宋景祐三年碑存

桓公祠墓○臨淄東南十里水經注云女水西有桓公冢甚高大一墓二墳晏謨曰依陵記非葬禮如承世故與其母同墓而異墳伏琛所不詳也冢東女水原有桓公祠侍其衡奏魏武帝所立衡曰近日路次齊郊瞻望桓公墳壠在南山之阿請爲立祠爲塊然之主然則俗謂二王冢又云公與女之冢皆非也唐貞觀十年太宗詔禁樵採

三士冢○臨淄南一里一基三墳諸葛武侯梁父吟步出齊城門遙望蕩陰里里中有三墳纍纍正相似借問誰家墳田疆古冶子力能排南山文能絕地紀一朝被讒言二桃殺三士誰能爲此謀相國齊晏子注引晏子春秋曰公孫接田開疆古冶子事景公勇而無禮晏子言於公餽之二桃令三子計功而食公孫接曰吾一搏特猏再搏乳虎功可以食援桃而起田開疆曰吾仗兵而卻三軍者再功可以食援桃而起古冶子曰冶嘗從君濟河黿銜左驂冶潛行水底逆流百步順流九里得黿而殺之左操馬尾右挈黿頭躍而出功可以食二子曰吾勇不若子功不逮子取

桃不讓是貪也然而不死是無勇也刎頸而死治曰
二子死之治獨不逮又刎頸而死或曰晏嬰賢相豈
有殺士之名葢曹操既殺孔融楊修又送禰衡荆州
假手黄祖三子者天下之望也武侯梁父吟殆爲此
設然則晏子春秋反因梁父吟而附會如山海經之
於天問耳
田和冢○府北二十里普通店和爲田齊之太公皇覽
作太公呂尚冢按檀弓云太公封於營丘比及五世
皆反葬于周此不應有冢皇覽最叵信如云濟南歷
山上有太甲冢皆此類東南者謂是齊胡公冢胡公
獻公父亦反葬于周

五公冢○臨淄東南十里齊昭公靈公惠公頃公孝公
五墳相近
高敬仲墓○臨淄東北二十里又名白兔冢左傳莊九
年鮑叔曰管夷吾治於高傒即敬仲也
杞梁冢○臨淄東三里齊莊公襲莒杞梁死焉其妻迎
其柩而哭之詳見檀弓左傳
黔敖冢○臨淄東九里齊饑黔敖設食於路以待餓者
蒯徹墓○臨淄東二里漢書徹范陽人高祖曰徹齊辯
士故卒葬此胡氏管見曰韓信功蓋三傑不可忘也
迎陳之禮可贖自王之釁拒徹之意可免失期之罪
未有反計則當侯以次國逆謀既露猶當宥其子孫

愚謂韓信失職怨望者有之逆謀既露則無也以信之智料事成敗審矣背水之陣計曰信非得素撫循士大夫也所謂驅市人而戰非置之死地則走耳寧得用乎夫以大將握兵猶臂使指尚慮及此失職之後乃謀詐赦諸官徒奴欲以集事此鼠竊之慮耳連百萬之衆據三齊之勝制天下之權武涉蒯徹游說百端利害切至尚不肯變乃與陳豨挈手步庭合豨舉兵吾從中起天下可圖此又臧獲之見也信謀果爾何前智而後愚哉信非蕭何不詔及其失職怨何必深何嫉呂后殺信遂誣信反千載之下尚不覺悟信其冤哉

逄萌冢○郡志在濰州營陵古城中記在益都縣云高
士冢
葵丘○臨淄西三十里古齊邑左傳莊八年齊侯使連
稱管至父戍葵丘瓜時而往及瓜而代杜注在臨淄
卽此地齊桓公葵丘之會則在陳留
管仲墓○臨淄東南二十三里
晏子墓○臨淄古城北三里唐貞觀中禁十五步內不
得樵採高密平原又各有墓與此爲三欽按晉載記
曰慕容德登營丘望晏嬰冢顧謂左右曰禮大夫不
逼城而葬平仲古之賢人達禮者也而生居近市死
葬近城豈有意乎青州秀才晏謨對曰孔子稱臣先

人之賢豈不知高其梁豐其禮葢政在家門故儉以矯世存居湫隘卒豈擇地而葬乎所以不違門者冀悟平生意也以謨考之臨淄墓爲真

辟閭渾墓○壽光西南三十里俗呼釣魚臺渾晉幽州刺史慕容德陷廣固殺之渾子道秀詣德請與父俱死德曰孝子特原之

臧臺○壽光西四十里舊有宋碑云是臧武仲之墓愚按左傳襄公二十三年臧紇致防而奔齊至昭公十年平子伐莒取郠獻俘始用人于亳社臧武仲在齊聞之曰周公其不饗魯祭乎是時武仲客齊已十八年其終不歸魯而卒葬于齊乎又西五里有馬陵臺

水經注云不知是誰之冢世謂馬陵臺

熙熙臺○壽光北城上葢取老子衆人熙熙如登春臺立名不知剏于何代

鳳凰臺○壽光西北三十里宋天聖閒鳳凰下此因築臺有宋碑北有南皮臺前有東嶽南嶽行祠金永安二年碑刻在焉疑即古平望亭也平望亦漢縣見伏琛齊記

蒼頡臺○壽光西北洱水所經水經注謂孔子問經石室非也通志云蒼頡石室記二十八字在蒼頡北海墓中土人呼爲藏書室周時自無人識逮秦李斯始識八字曰上天作命皇辟迭王漢叔孫識十三字豈

孔子至齊亦嘗訪焉故有問經之目

過宋臺○壽光南二十五里

官臺○壽光北七十里有鹽官壽光古有灌亭豈灌轉爲官亭廢爲臺耶俗謂縣周回有十臺九城信然如熙熙過宋官臺之類皆不可攷

任光冢○樂安城西二里俗傳任光冢按光南陽宛人更始初爲信都太守從光武破王郎封阿陵侯卒子隗嗣隗仕至司空又傳三世至孫世徙封北鄉侯北鄉始爲齊地自北鄉上官封無至齊者光何緣有墓在此豈北鄉侯冢耶

貝丘○博興南五里左傳齊侯田于貝丘見彘射之彘

人立而啼乃公子彭生也卽此地亦曰貝中聚

董永墓○博興南三十五里世說永東漢人鬻身以葬親般陽長山南又有冢廟皆出野語

青丘○樂安北淸水泊薔以青丘得名齊景公有馬千駟田于青丘與晏子游于少海皆此地少海謂渤海也

伯氏冢○臨朐古駢邑伯氏所食後爲管仲所奪伯氏没齒無怨言故城西有其冢路史齊遷紀郱郚郚郱本紀邑故城在臨朐東南

麓臺○濰州西孤山之麓一小阜下名麓臺村寰宇記云州西二十里高二丈三尺是宏墓也墓後有泉號

曰補生泉九域志云公孫宏讀書處

王裒墓○濰州南三十里

徐幹墓○濰州東五十里俗呼爲博士冢幹建安七子

魏志云北海劇人卒葬此

伯牛阜○昌邑西北十里又東子騫阜古有閔子祠今

名三阜南有子游池茲見寰宇記今曰蓮花陂三阜

者葢亦三賢之意但未詳所始

逢丑父墳○昌邑南五里記謂丑父食邑都昌故墳在

此然則般陽逢陵非其邑也

渠丘○密州安丘自漢有渠丘亭周武王封少昊之裔

茲輿於莒初都計春秋時遷莒至茲子朱居渠丘成

八年晉使申公巫臣如吳假道于莒與渠丘公立于池上

柴阜○密州安丘西五十里郚原之墓在焉

慈阜○柴阜之東齊記云營陵南今濰州昌樂四十里有慈阜魏奉常王修葬此俗以修至孝故此丘以慈表稱修母以社日亡每社設祭悲泣鄰里爲之罷社

管寧墓○柴阜東十餘里荅與原墓相近

王章墓○寰宇記云安丘縣西南四十里通志金石略云章碑在密州章仕至京兆尹日蝕上封事劾大將軍王鳳爲鳳所陷下獄死初章爲諸生學長安病臥牛衣中泣與妻訣妻怒曰朝廷尊貴誰如仲卿者病

困不自激昂涕泣何也後章至京兆尹上封事妻又止之曰人當知足獨不念牛衣中涕泣時邪章不聽果死獄中妻子徙合浦鳳死始得還其妻亦賢矣哉因表而出之然章泰山鉅平人何緣葬此惜其碑斷毁不可攷也

孫嵩墓○安丘南四十里欽嘗寓宿太虚宫夢有趙先生者入謁謂欽曰聞君修齊志僕有良友葬安丘其人節義高天下今世所無也請載之以勵衰俗欽覺而語梅仲昇以爲鄉人趙伯善共訪之伯善愕然及閱趙岐傳始悟爲孫賓石也嗚呼邠卿處複壁中著書以名世固奇士非賓石之高義則志弗克伸矣偉

哉若八尤奇者斯夢也故識之

康成祠墓○膠州高密縣西北五十里劉宗山下山產
磨石古礪阜也水經亦謂之碑產山高士傳云袁紹
屯官渡逼元隨軍不得已載病至元城卒葬于劇東
後因墓壞歸葬礪阜墓前有廟廟之南有唐開元碑
縣西有鄭公鄉孔北海告高密縣所立者劇東舊葬
地卽今益都府東五十里鄭墓店是也因高密有鄭
公鄉士人訛爲鄭母云

古冢○郡國志云卽墨城北有古冢或發之有黃牛從
埏門出犯之卽吼不可動又云縣有徐誕弟子夏侯
阜墓阜死後有人過阜以手巾寄信與誕乃棺中物

也

雙女冢○膠州計斤城南耆舊相傳宋靖康間臨海王氏姊妹與姑避難爲虜所得王氏謂曰汝放姑還者當從汝也虜縱姑去王氏姊妹駡曰我閥閱家豈爲賊汚卽投海而死居人得其屍而葬焉此與唐奉天竇氏二女無異惜乎不得其家世之詳

曹嵩墓○沂水縣南百二十里嵩操之父也避難琅邪操使迎之輜重百餘兩陶謙別將張闓襲殺嵩於華費閒取其財物因奔淮南操引兵攻謙拔十餘城阬殺男女十餘萬口雞犬亦盡吁嵩居亂負乘操復讎濫殺闓貪財煽禍一事而作戒數端此之謂也

王祥墓○沂州北廿五里墓西戚溝湖孝感泉剖冰躍鯉之地傳云求忠臣於孝子之門祥至孝晚乃失節事晉郝陵川續後漢書列之纂臣惜哉余故表而出之爲昏耄持祿者之戒

鯀墓○沂州東南百里羽山之下

奚公冢○滕州東南青丘村奚山下古奚邑

韋賢墓○鄒縣嶧山之陽石表大刻曰漢丞相韋賢墓

左丘明墓○嶧州東北七十里元和志東平平陰縣東南復有丘明墓

王肅墓○嶧州東南二十五里

劉靈墓○嶧州東北二十里已上並見寰宇記靈墓所今名劉

村曜

淳于髡墓○般陽東六十七里史記

蔡相冢○萊州膠水西北金尚書右丞相蔡松年墓也

松年自號蕭閑老人子珪亦好學博古第進士仕至

禮部郎中出守濰州卒縣南復有蔡邕冢伯喈陳留

圉人未嘗歷齊豈亦松年族人之墓遥祖伯喈邪

閔子祠墓○濟南府城東門外五里宋熙寧七年濟南

太守李肅之即墓前置祠立碑蘇子由作記東坡書

又濰州昌邑西北子騫阜上古亦有廟濮州范縣又

云有墓未詳

陽貨墓○章丘西北十里高丈餘貨嘗奔齊又適晉趙

未知死葬何地云此有墓未詳

房彥謙墓○章丘西南三十里唐刺史追封臨淄公元齡父也墓有碑李百藥文歐陽率更書極精近聞村人以打碑之擾毀仆之良可歎已

鄒衍墓○章丘東十里

燕軍冢○長清縣南十五里寰宇記云謂是燕昭王者後人誤也恐是燕軍之冢耳

班超冢○寰宇記云在長清東北二十五里定遠扶風平陵人以和帝永元十四年八月徵還洛陽九月卒齊地何爲有墓豈以齊有東平陵而附會之邪

赫胥氏墓○章丘臨濟鎮東故朝陽城內

劉豫墓○濟南城西鵲山下墓中產蝎按宇文懋昭劉豫錄云豫景州阜城人宋元符中登第累官至殿中侍御史被劾出爲兩浙察訪至眞州丁父憂居焉金兵陷河南高宗過維揚起復豫知濟南豫到郡金人利誘之百姓遮豫願以死守豫竟出降金人徙豫知東平節制河南兵馬及張邦昌廢豫使子麟以重賂結黏罕及其腹心高慶裔輩求僭號黏罕假以百姓推戴請于金主立豫爲帝國號大齊改元阜昌初據東平繼遷于汴僉發鄉兵三十餘萬付子麟姪猊領之分道寇宋大敗而歸豫猶請戰不已金主下詔廢爲蜀王父子並徙上京豫僭位凡八年至上京改封

曹王而死初豫僭立有醉民罵豫曰你是何人要作官家大宋何負于你進士邢希載等亦勸豫歸宋豫皆殺之豫父子嚴刑暴歛取快一時見兵士賣陵中玉椀即置淘沙官再發河南山陵及發民間無主墳墓行五等稅法民鬻子者皆稅百錢下至倡優日有納課臣子納女獻妻者皆得遷官貫罪去汴之日金帛糧斛山積父子姬妾各百餘人貪淫不道有如此者金皇統間沂州普照寺碑亦謂豫專以苛政理國知衆不附尤狹中多忌者足證其暴云或問欽曰契丹入汴梁而民驚散女直入中原而民不服其勢一也契丹則以南帝啗趙延壽父子而終不肯立女直

則始帝張邦昌又帝劉豫何也應之曰嘗聞蕭太后責延壽父德鈞曰汝爲人臣既負其主不能卻敵又欲乘亂徼利所爲如此何面目以求生其論甚正抑知帝王大器須英雄之人始克負荷豈叛降奴虜所能堪邪女直則不然乘高宗之懦且脅且和狙詐百出無復契丹之正矣至如劉豫直以賂結權貴而得立其爲卑猥又邦昌之所羞使高宗若稍有雄才擒之如獵狐兔元遺山取豫而黜石勒不知其何說也豫嘗游平陰龍泉寺有留題來者訕笑遺山復爲解嘲云河邊羖攊尚能飛無角𩵋鱗自一齊甲子紛紛等兒戲壁間休笑阜昌題然則豫在當時自有定論

遺山何故曲爲之說黨惡如此豈不爲斷腕后所笑邪自古經生文士學博才高而性癖識陋害理者不少如遺山之流可不戒哉

婁敬祠墓○德州德平東南二十里祠在墓側五代周顯德間建膠州復有奉春墓未詳

東方朔祠墓○德州東四十里古厭次城北祠在墓南宋元符間封智辯侯顏魯公守平原書先生像贊立碑祠下今碑移州署內棣州陽信縣古邵城又云有墓益都壽光縣東方村又有廟先儒謂非高祖用子房乃子房用高祖欽亦謂曼倩非漢武所得御曼倩以智御漢武耳比子房赤松之遊其迹尤晦漢廷爵

祿惟此輩人不爲所縻嗚呼高哉欽嘗過其廟有詩云甲乙不焚珠璧帳百錢囊粟且婆娑殿前怒擲黃金戟天上偷將紫玉珂班固有評眞幸爾子雲祿隱果如何漢初除卻惟秦手只許先生逸網羅

張騫墓○平原縣東北騫嘗窮河源平原河所經因附會耳

風土

唐虞三代風化尙矣春秋以降列國殊俗去古未遠自秦漢以後千八百年總天下風俗五變愈下葢自漢至西晉一變五胡南北至陳隋一變隋唐至安史之亂一變五代一變宋金之交又一變安史滅君臣

之義未盡至五代則幾矣五胡南北華統未斷迨金宋則絕矣是皆關天地之大運非若春秋戰國異政殊俗專可以人事論也故今天下四海九州特山川所隔有聲音之殊土地所生有飲食之異小小習尚不同謂之土俗可也其大好惡大趣向則系乎一氣之運一代之治不得以異俗書也然自漢史以來代存列郡之俗亦不得不攷古以驗今至于土產亦略具前式以相證云

前漢地理志曰齊地虛危之分野也東有淄川東萊琅邪高密膠東南有泰山城陽北有千乘清河以南渤海之高樂高城重合陽信西有濟南平原皆齊分也

少昊之世有爽鳩氏虞夏時有季萴湯時有逢公柏陵殷末有薄姑氏皆爲諸侯國此地至周成王時薄姑氏與四國共作亂成王滅之封師尚父是爲太公詩風齊國是也臨淄名營丘故齊詩曰子之營兮師古曰毛詩作還齊詩作營遭我乎嶩之間兮又曰俟我於著乎而此亦舒緩之體也詩記曰前漢地理志載齊風俟我于著乎而此亦舒緩之體雖非此篇所主然廣谷大川異制民生其間異俗剛柔輕重遲速異齊皆學者所當觀也詩可以觀其此類與余按漢世去古未遠聲詩猶傳得其聲而味之則知其爲舒緩之體若以訓詁詞義求之遠矣吳季札聞齊之歌曰泱泱乎大風也哉其太公乎國未可量古有分土亡分民太公以齊地負海舄鹵少五穀而人民寡迺勸以女工之業通魚鹽之利而人物輻

湊後十四世桓公用管仲設輕重以富國合諸侯成伯功身在陪臣而取三歸故其俗彌侈織作冰紈綺繡純麗之物號爲冠帶衣履天下初太公治齊修道術尊賢智賞有功故至今其士多好經術矜功名舒緩闊達而足智其失夸奢朋黨言與行繆虛詐不情急之則離散緩之則放縱始桓公兄襄公淫亂姑姊妹不嫁于是令國中民家長女不得嫁名曰巫兒爲家主祠嫁者不利其家民至今以爲俗痛乎道民之道可不慎哉余按平陰廣里有巫兒山豈以主祠女得名邪襄公鳥獸之行南山之詩刺之是已然近代齊俗歸女比之他郡容飾朴野淫風幾熄欽十五六歲在鄉里時市井不聞猥言婦女亦簡出入三十年來俗爲大變市有葫荽語邑雜倡妓居漸與燕鄭同風矣是誠可憂也昔太公始

封周公問何以治齊太公曰舉賢而上功周公曰後世必有篡殺之臣其後二十九世爲彊臣田和所滅而和自立爲齊侯初和之先陳公子完有罪來奔齊齊桓公以爲大夫更稱田氏九世至和而篡齊至孫威王而稱王五世爲秦所滅臨淄海岱閒一都會也其中具五民云

欽按論語曰齊一變至於魯魯一變至於道說者曰夫子之時齊强魯弱然魯猶存周公之法制齊由桓公之霸爲從簡尚功之治太公之遺法變易盡矣故齊俗急功利喜夸詐乃霸政之餘習所謂夸詐亦霸者假仁義之稱耳漢史直謂其失夸奢

言與行繆虛詐不情此汲黯詰公孫宏之言也宏爲宰相不能面折庭爭常背公卿正議阿順上指黯目之曰詐當矣詐者宏也齊人豈盡然歟且如婁敬亦縱横人也求見言事虞將軍欲與鮮衣敬曰臣衣帛衣帛見衣褐衣褐見則其所守可知況過于敬者可以詐槩其俗乎夫自戰國以來天下竝爭惟齊魯之間學者弗廢漢興言易自淄川田何言書自濟南伏生魯詩則浮丘伯齊詩則轅固生春秋則齊胡母生論語則琅邪王卿膠東庸生遭秦滅學傳經淑後多是齊人故史于齊魯之俗獨曰好經術尚禮義他國則否亦可見其俗之美

也先王之化流風善政爲世移易豈能無弊齊俗
之弊始于管晏較之王政爲少差耳故經秦歷漢
敦經重義風俗不薄逆亂不萌漢武帝以燕王旦
上書欲圖爲嗣怒曰生子當置齊魯禮義之鄉乃
置于燕果有爭心旦後欲反劉澤謀以臨淄應之
尋爲雋不疑所誅先是七國作難齊亦不與唐世
藩鎮自河北淮蔡以至川蜀無不叛亂惟淄青一
鎮未嘗拏兵暨朱溫圍昭宗于鳳翔詔徵諸道兵
莫有應者獨平盧節度使王師範奉詔感泣奮兵
討溫事雖無成足表忠赤載諸史策斑斑可攷由
此言之忠義之風齊俗爲多不幸殘金之亂李全

父子盜據此方戶編爲兵人教之戰父叛于南子叛于北衣冠之族變爲卒伍忠義之俗染以惡名全起羣盜的不知何人維揚志云濰州人齊東野語淄州人或又云萊州人未知孰是養子瓊本徐希稷之子又出異類齊東野語云全養子瓊本徐希稷之子賈涉鎮維揚日瓊與涉諸子同學其後全無子屢託涉祝之涉以希稷舊與全稔遂命與之詳見後論非齊氏族客亂山東刼民爲逆自速誅夷然敗俗汚善不可不辨或曰然則王著何如曰著盜殺權臣蓋刺客聶政之流惡則惡矣豈瓊畔逆之比哉欽惟忠孝之道禮義之俗本諸人心況去古未遠流風可尋非緣禍亂可得而泯也故愚謂齊本詩書之國忠義之邦攷證史實非泛言者

嗚呼司馬溫公有言上行下效之謂風薰陶漸漬之謂化淪胥委靡之謂流民心安定之謂俗夫教化薰陶固系于上不淪胥于弊陋不委靡于頽波安乎忠孝定乎禮義俾俗不愧古此亦鄉賢之責也

隋志曰齊郡舊曰濟南其俗好教飾子女淫哇之音能使骨騰肉飛傾詭人目俗云齊倡本出此也祝阿縣俗賓婚大會餚饌雖豐至於蒸膾嘗之而已多則謂之不敬共相誚責此其異也大抵數郡風俗與古不殊男子多務農桑崇尚學業其歸于儉約則頗變舊風東萊人尤朴魯故特少文藝

愚按漢志趙女彈弦跕躧徧諸侯之後宮至隋則濟南多倡豈亦高洋之遺風歟今齊俗比燕趙諸郡號爲朴野東方尤甚惟濟南水陸輻湊商賈所通倡優游食頗多皆非土人欽佐廉察日朔望行香三皇廟廟旁見倡家立命逐之遠今城中無此輩上官賢牧存心風化此亦易事云

洛陽伽藍記後魏楊衒之撰後魏太傅李延實者莊帝舅也永安中除青州刺史將行奉辭帝謂實曰懷甎之俗世號難治舅宜好用心副朝廷所委實答曰臣年迫桑榆氣同朝露人間稍遠日近松丘臣已久乞閑退陛下渭陽興念寵及老臣使夜行罪人裁錦萬里謹奉

明勑不敢失墜時黃門侍郎楊寬在帝側不曉懷甎之義私問舍人溫子昇子昇曰吾聞至尊兄彭城王作青州刺史聞其賓客從至青州者云齊土之民風俗淺薄虛論高談專在榮利太守初欲入境百姓皆懷甎叩頭以美其意及其代下還復以甎擊之言其向背速于反掌是以京師謠語曰獄中無繫囚舍內無青州假令家道惡腸中不懷愁懷甎之義起在于此也潁川荀濟風流名士高鑒妙識獨出當世清河崔叔仁稱齊土大夫曰齊人者外矯庶幾內懷鄙悋輕同毛羽利等錐刀好馳虛譽阿附成名威勢所在促其歸之苟無所資隨即捨去言囂薄之甚也

欽按此亦五胡南北亂離之際靑有此俗蓋牧守有賢否民心有好惡上之黜陟賞罰不足以厭其心激之使然也甚則至于孫恩之醢縣令黃巢之殺官吏豈特懷輒而已書云予視天下愚夫愚婦一能勝予聖人之畏民如此寧有怒上之俗哉金末內翰鄭子聃知沂州作十愛詞有云我愛沂陽好民淳訟自稀誰言珥筆混萊夷行見離離秋草鞠圜扉俗有登萊沂密腦後插筆之語子聃治沂民淳訟簡可比山谷江西道院之論故云後之[illegible]牧疾民訟而無德化專恃刑罰欲勝民者能無[illegible]乎

王曾沂公言行錄云沂公青州人宋真宗問曰卿鄉里諺云井深槐樹麤街闊人義疎何也曾對曰井深槐樹麤土厚水深也街闊人義疎家給人足也真宗善其對

余按古諺鄙齊俗之薄于義也齊自孟嘗任俠過義後世反敗其俗至于近代不惟鄉義疎薄骨肉之恩亦虧喪矣葢因金亂瘡痍之餘重以李璮之困民有跬地銖產必分膝下嬰孺亦于昆仲有彼己之辨風俗大壞且五代干戈之際民有累世同居旌表者在在紀之豈有承平百年風俗乃薄惡如此可勝歎哉漢志曰南陽好商賈召父富以本

業潁川好爭訟分異黃霸化以篤厚君子之德風
也然則齊俗之弊果不可變邪

齊乘卷五

益都段松苓赤亭校

齊乘卷五考證

蓬萊閣

坡公作詩遺垂慈堂老○據蘇集作垂慈堂老人此脫去人字

秦宮

東南臨海縣有七井○按寰宇記云東南西面臨海南有七井水于氏文誤

歷下亭

府城驛邸內歷山臺上○按歷城縣志此宋以後之歷下亭杜詩所謂海右此亭古卽水經注之池上客亭也據此則唐歷下亭當在城西而今亭本艾氏宅見

李興祖記又非宋元之舊矣

鵲山亭

城北鵲山湖上少陵詩登歷下員外新亭是也○按李杜詩題皆云登歷下古城員外新亭則歷城縣志謂新亭在城上者是也鵲山湖亭自在城北于氏與新亭混爲一誤

北渚亭

水經注濼水北爲大明湖西有大明寺水成淨池池上有亭卽北渚也池今名五龍潭亭則廢矣○按晁無咎北渚亭賦序亭爲曾子固守齊所作取杜詩名之蘇子由北渚亭詩云西湖已過百花汀未厭相攜上

古城是亭在北城上矣于氏引水經注云云似以北渚亭爲唐歷下亭而下云湖上舊有水西環波亭則仍指城內之湖而言與池名五龍潭自相牴牾也

仁風廳

其後水香亭○按陸釴山東通志水香亭在歷下亭旁歷城縣志亦云疑在湖上

靈巖寺

靈巖山疑卽水經之玉符山也○按第一卷西龍洞山下云龍洞西南有方山疑卽水經之玉符山此又以靈巖當之非是歷城縣志曰齊乘云靈巖山與方山相連疑卽玉符山後人遂以靈巖爲玉符不知靈巖

山前後之水源流皆與朗公谷水無與其非玉符不待辨也

桓公祠墓

臨淄東南十里○第二卷女水條下云臨淄東南十五里

唐貞觀十年太宗詔禁樵採○按元和志當作十一年

三士冢

曹操既殺孔融楊修又送禰衡荆州假手黄祖三子者天下之望也武侯梁父吟殆爲此設○按後漢書及三國志注操送禰衡荆州事在建安初孔融之死在建安十三年楊修之死在二十四年武侯于隆中已

爲梁父吟而建安十二年卽出應昭烈之聘則豈爲三子作邪且其文曰旣殺融修又送禰衡反似二子先衡而死者乖謬甚矣

田和冢

東南者謂是齊胡公冢胡公獻公父亦反葬于周○按史記齊太公世家太公卒子丁公呂伋立丁公卒子乙公得立乙公卒子癸公慈母立癸公卒子哀公不辰立自太公至哀公凡五世哀公之弟靜爲胡公山爲獻公恐不在五世反葬之數胡公與獻公爲兄弟亦非其父也水經注堯山西望胡公陵孫暢之所云青州刺史傅宏仁言得銅棺隸書處則胡公冢在齊

明矣

逢萌冢

郡志在濰州營陵古城中記在益都縣云高士冢○按于氏引郡志不知何書記謂寰宇記也其他引書多類此水經注云濰水又東北逕下密縣故城西又東北逕逢萌墓又北逕都昌縣故城東是于慶墓在都昌故城南樂記入益都縣下誤矣後魏書地形志膠東有逢萌墓魏膠東縣故下密地與酈注敘逢萌墓于下密城北者合則謂在營陵城中亦誤

鳳凰臺

金永安二年碑刻在焉○按金史無永安年號疑當作承安章宗時也

任光冢

樂安城西二里○按水經注濟水又東北逕樂安縣故城南城西三里有任光等冢樂安故城在博昌城西北濟水流逕其南去今樂安縣城尚遠則光冢自應在博興縣界而于氏直云樂安城西二里以古律今殆失之矣

貝邱

博興南五里○按水經注澠水又西逕樂安博昌縣故城南西歷貝邱博昌故城在今博興縣南二十里則貝邱距縣當不止五里

麓臺

寰宇記云是宏墓也 ○按寰宇記作公孫宏墳今于氏題作麓臺而引記云是宏墓省公孫二字不成文義矣

九域志云公孫宏讀書處 ○按九域志無此文

柴阜

密州安邱西五十里 ○安邱縣志作四十里

慈阜

齊記云營陵南今濰州昌樂四十里有慈阜 ○按寰宇記引晏氏齊記云營陵城南四十里有慈阜今濰州昌樂五字疑本于氏注文誤升爲大字寰宇記又云王修墓在安邱縣西四十七里

管寧墓

柴阜東十餘里○按水經注幼安墓在柴阜西南此云在東誤

王章墓

寰宇記云安邱縣西南四十里○按寰宇記作六十里

孫嵩墓

安邱南四十里○此據寰宇記按水經注牟山之西南有孫賓碩兄弟墓碑誌竝在（安邱縣志云在牟山金溝河西南）牟山東北去安邱十五里則云孫墓在縣南四十里者非也

王祥墓

沂州北二十五里○寰宇記晉王祥墓在臨沂縣東北

五十里

奚公冢 寰宇記作奚仲墓

奚山下古奚邑○當作奚公山下古奚仲邑

淳于髡墓

般陽東六十七里史記○史記二字下有闕文按寰宇記于六十七里下引史記曰齊宣王好士髡等談說之士七十餘人並食上大夫祿髡滑稽多智時人號曰炙輠髡 炙下脫轂字 死諸弟子三千人爲衰絰于氏書多引用寰宇記此條史記下凡脫去四十四字

蔡相冢

萊州膠水西北金尚書右丞相蔡松年墓也松年子珪亦好學博古仕至禮部郎中出守濰州卒○按金史文藝傳蔡松年正定人拜右丞相正隆四年薨海陵遣待制蕭籲送其喪歸葬正定今平度州何緣有墓其子珪雖除濰州刺史然已得風疾不能入謝致仕尋卒亦無出守之事嘗以萊州府志考之乃宋參知政事蔡齊墓耳宋史齊本傳其先洛陽人曾祖綰爲萊州膠水令因家焉齊卒于潁州范文正公爲作墓誌云葬許州陽翟萊州府志以爲此歸葬地理或有之而又别存蔡相冢曰松年墓與蔡文忠公墓分爲二則仍沿齊乘之誤也至云縣南有蔡邕冢尤齊東

野人之語矣

劉豫墓

濟南城西鵲山下。按宋史叛臣傳豫徙臨潢卒濟南不應有墓此後人附會

東方朔祠墓

德州東四十里古厭次城北祠在墓南。按寰宇記東方朔祠在安德縣東四十里不言有墓棣州邵城之墓則與水經注合矣德州無厭次城亦因曼倩祠附會辨詳第四卷厭次古城下

風土

至于土産亦略具前式以相證云。今本無

詩記曰○當作讀詩記

國未可量○量下脫也字不復成文

洛陽伽藍記云云○字句多與本書不同末數語于氏所竄入尤失引書之體且本書此段之末載崔孝忠語亦不可刪也

齊乘 卷六

齊乘卷之六

益都于欽思容纂

人物

齊記補載漢少翁晉石崇云崇父苞爲青州刺史生崇于臨淄小字齊奴夫崇貪財賈禍至死不悟今流俗之弊正坐此失苟得而不顧義務積而不務用財之所在骨肉以之而離良心由是而死崇蓋守錢虜之作俑者齊自太公之後管晏諸賢聖門高弟與夫漢世大儒鄭康成諸公三國人才之冠琅邪諸葛高節蓋世北海管寧此而不書顧彼之取何其謬哉至于神仙高尚之流魯連安期豈不偉歟少翁之徒罔

上被誅何足算也故曰人物非賢才不書此之謂也抑嘗論之人才之多寡繫于教養之當否三代以學校養士迨乎春秋戰國之際賢俊不可勝用皆周之遺才也漢尚經術光武明章益崇儒學幾復三代故漢世人才之多獨不愧古竆于黨錮裂于三國名節愈厲英豪迭出皆漢之遺才也降及隋唐始以詞章取士教養之道劣于古昔人才浸微唐初惟齊州房元齡宋惟益都王曾爲齊士稱首較于兩漢則不及矣以此卜之則知教養之道不可不當其餘則各訂于後云

太公〇後漢志琅邪西海縣太公呂望所出有東呂鄉

廟舊在臨淄西營丘宋碑存焉冢在縣南十里與頃公冢相近愚按檀弓曰太公封于營丘比及五世皆反葬于周註謂太公受封畱爲太師死葬鎬京五世獻公以上皆從葬焉則齊無太公之墓或曰齊人思其德葬其衣冠云路史云名涓字子牙汲人

桓公○舊與太公同廟齊自太公爲世胙之祖桓公爲五伯之宗威王亦戰國賢主然以篡立義不敢取餘無可稱者

仲山甫○太公之後爲宣王冢宰兼太保王命築城于齊尹吉甫作烝民詩以送之

管仲○本潁上人齊相墓在臨淄南牛山之阿見史記正義

晏平仲○萊之夷維人故宅在臨淄小城北門即左傳
近市宅也墓亦在焉
成覸○齊人謂景公曰彼丈夫也我丈夫也吾何畏彼
哉可謂志士
鮑叔○墓在滕州北十五里　甯戚○墓在膠水縣西
隰朋　東郭牙　弦寧　王子成甫○新序曰管
仲請于桓公以甯戚爲田官隰朋爲大行東郭牙爲
諫臣王子成甫爲大司馬曰君欲治國強兵此五子
足矣如欲伯王則夷吾在有司請吏公曰以告仲父
又請公曰以告仲父如是者三在側曰一則仲父二
則仲父易哉爲君公曰未得仲父則難已得仲父何

爲不易桓公與羣臣飲酒謂鮑叔曰姑祝寡人鮑叔
奉酒起而祝曰君無忘其在莒也管仲無忘束縛從
魯也甯戚無忘飯牛車下也桓公避席拜曰寡人與
大夫皆無忘夫子之言社稷必不廢矣
麥丘邑人○祝桓公無得罪于羣臣百姓者
郭墟野人○謂郭公善善不能用惡惡不能去所以亡
者桓公賞焉
小臣稷○桓公曰士慠爵祿者輕其主主慠霸王者輕
其士吾敢慠霸王乎五往始得見稷
石他人○陳恆弒簡公不肯盟而自殺又有子淵棲者
恆以勇士刼之亦不從二人並見新序

國成子高○齊大夫擇不食之地而葬見檀弓又有國
昭子春秋有國書國佐皆其族也
陳文子○名須無齊大夫
齊太史○昆弟三人書崔杼弑君者左氏逸其姓名惜
哉
徒人費○死襄公之難又有石之紛如孟陽皆襄公小
臣亦死節
高柴○史記作鄭人家語曰齊人高氏之別族墓在沂
州向子城側
公冶長○家語魯人史記齊人集註兩存之
樊遲○家語魯人史記齊人

陳亢○家語作陳人愚按檀弓亢乃齊大夫陳子車之
弟疑是齊人
梁鱣○家語齊人
步叔乘○史記齊人
公晳哀○家語齊人鄙天下多仕于大夫家者故未嘗
屈節其亦汶上之亞歟墓在般陽城北
后處○史記齊人
右八人聖門弟子
公孫丑○滕州北公村有墓
萬章○滕州南萬村有墓
右皆齊人孟子弟子餘見鄒廟從祀

滕文公○滕州有廟
蚳鼃○齊士師以孟子言諫齊王不用而去
匡章○齊人孟子禮貌之必有所取故集註云衆惡必
察可見聖賢至公至仁之心
檀子　盼子　黔夫　種首
威王臣四子將照千里見通鑑
淳于髡○齊稷下學士髡衍輩七十餘人餘不取者大
學衍義曰孔子沒異端遂作鄒衍淳于髡田駢之徒
各著書以干世主不可勝紀申不害商鞅其害尤甚
孟子所深距者惟楊墨二氏程子所謂楊墨之害甚
于申韓佛老之害甚于楊墨然則衍輩亦異端之流

髡獨知尊孟子稱之曰夫子又一日而見七八于宣王差賢于諸子敢取之或曰均異端也申韓則不闢而廢楊墨距之而熄佛老則闢而愈熾何邪蓋異端至佛老而極道至後世而晦如人元氣既衰痼疾可得療乎然闢之而不廓者其說有二夫鬼神祭祀之禮聖人所先制緣人情理明儀備迨戰國以降盟詛相持鬼神之理不明事鬼之情愈切佛氏乘之怖以死生誘以禍福凡古人之敬事鬼神齋戒禱祠報本祈福之意一歸于佛廣大包羅驅世有情信之事之此雖麤迹而勢不可廓聖賢有不動心之學世儒多務外馳于利害怵迫之餘見佛氏之堅定則灑然心

服謂道在頓省之間不知吾道自有此理體用尤精
舍已耘人往往皆是此爲精微其理亦不易辨霸以
籠愚精以釣賢非復三代之治而欲決此疾猶以杯
水救輿薪之火也其熾宜矣
閭丘卬○年十八求仕于宣王王曰士亦華髮墮顛而
後可用子年稚未可也卬曰尺有所短寸有所長華
髮墮顛與臣何異宣王用焉
香居○諫宣王爲大室者
王斗○皇甫士安高士傳齊隱士
黔婁子○齊隱士守道不詘威王師之
王蠋○臨淄晝邑人墓在愚山西

王孫賈○齊大夫奉母訓誅淖齒者

田單○臨淄人

愚按蠋以布衣死節賈以一夫討賊單之功偉矣所以勵齊人之氣未必非二子也故先之

孫武子○濰州昌邑縣北海濱有廟武孫臏齊軍師

司馬穰苴○並齊人

顏蠋○齊人晚食以當肉東坡所謂巧于貧者

子奇○齊人十八爲阿邑宰出倉廩以賑貧乏邑內大化見說苑

無鹽女○齊人姓鍾離名春宣王后

宿瘤女○齊東郭采桑女閔王后竝列女傳

貫珠人○諫齊王怒田單者

太史敫○莒人君王后父敫曰女不取媒自嫁汚吾世終身不見余謂後世外戚如楊國忠之流求通房闥不遺餘力敫眞有守哉

雍門司馬○諫王建者惜逸其姓名

荀卿○少游學于齊三爲稷下祭酒避讒適楚春申君以爲蘭陵令

田文○齊靖郭君田嬰子

田横○元和志海州東海縣北五十七里有田横國即田横島

魯仲連○齊人

安期生　東郭先生　梁石君

右三人皆齊處士見蒯通傳安期又見列仙傳云琅邪阜鄉人賣藥海邊人言千歲翁始皇賜金璧棄去不受畱書報曰後千歲求我蓬萊山下○欽按神仙之說六經所無原於老子元牝抱一之論秦漢閒怪迂之士設爲夸大之言以徼當世多欲之君至有封侯尚主貴震天下如文成五利之徒終以詐誅故後世談仙者率歸誕妄至紫陽朱夫子以明理盡性之學會古今諸家而折衷之以爲仙者匪難但偷生爲不可見于感興之詩又隱名而校叅同至取遠遊王子之言以爲長生久視之要訣何也蓋仙者必有大

賢明睿之資精察造化純一不離如釋氏之慧定又
得明師訣其火藥毫釐不差根氣淸厚福如王者庶
幾有成也成謂能長久雖與天地同弊亦不能不散也觀安期之策撼項
羽魯連之輕世肆志陳希夷之不帝而隱槩乎其人
下此則山林枯槁之徒嗇氣葆精差可少病以待天
年冀其竊化機以出宇宙萬無一焉雖使紫陽復生
亦必道還汝具一隻眼也

秦淳于越○齊人諫始皇曰今陛下有海內而子弟爲
匹夫卒有田常六卿之患何以相救事不師古而能
長久者非所聞也始皇下其議爲李斯所絀

茅焦○齊人諫始皇遷母者司馬溫公有言風俗天下

之大事也於茅焦亦見之矣自三代有殺身成仁之
教至于戰國習以成風義之所在蹈死如歸秦起而
力禁之誹謗者族偶語者棄市至戮諫者二十七人
而茅焦猶諫蓋由當時風俗驅之見義而不見死故
也秦能因俗以治三代可及必欲峻刑變俗以自蹙
亡至于後世傷一諫臣沮一言者則天下從風而靡
亦薄俗使然也

漢四皓夏黃公○晋侯世家註云夏黃公姓崔名廣字
少通齊人

葢公○膠西人

婁敬○齊人通典曰齊俗人情變詐故高帝詈婁敬曰

齊虜以舌得官夫敬料匈奴匿兵爭利智也勸帝勿擊忠也高祖不從致有白登之困高祖失言敬何詐之有

叔孫通○薛人

伏生名勝○濟南人墓在朝陽故城東五里見水經

東方朔○平原人

鄒陽○齊人傳有王先生公孫玃皆齊之智士故陽曰鄒魯守經學齊楚多辯智韓魏時有奇節而辯智者流于詐也

轅固○齊人漢武始好儒迂仲舒疾轅固公孫達于前張禹孔光顯于後西漢風俗不美良有以夫

鄒長倩○薊川人遺宏書曰公孫宏以元光五年爲國士所推上爲賢良國人鄒長倩以其家貧少自資致乃解衣裳以衣之釋所著冠履以與之又贈以芻一束素絲一襚撲滿一枚書題遺之曰夫人無幽顯道在則尊雖生芻之賤也不能脫落君子故贈君生芻一束詩人所謂生芻一束其人如玉五絲爲𦃃倍𦃃爲升倍升爲緎倍緎而爲紀倍紀而爲緵倍緵而爲襚此自少至多自微至著士之立功勲效名節亦復如之勿以小善不足修而不爲也故贈君素絲一襚撲滿者以土爲器以蓄錢貝其有入竅而無出竅滿則撲之土麤物也錢重貨也入而不出積而不散故

撲之士有聚斂而不能散者將有撲滿之敗可不誡歟故贈君撲滿一枚猗歟盛哉山川阻修加以風露次卿足下勉作功名竊在下風以俟嘉譽欽纂齊乘凡書傳所通習如景公登牛山杞梁黔敖之類則不詳載如此篇者蓋西漢奇文世所罕見且其積絲之喻撲滿之戒實古今之格言最有益于學者故備載焉宏開館延賢鄉有二奇士皆不知引之則所延者果何人哉此其有以爲詐人也（撲滿吳人名曰藏㧊次卿宏字漢書弗載）

公孫宏○菑川人開東閤以延賢人亦足以爲百世宰相之師故載（路史淄州南四十里大薛山宏生處）

兒寬○千乘人御史大夫

嚴安○臨淄人騎馬令

終軍○濟南人諫大夫墓在臨淄南牛山之西地名終

村又歷城南九十里有終軍村

王訢○濟南人代田千秋爲丞相封宜春侯

淳于意女緹縈○臨淄人

疏廣疏受○蘭陵人

于公○子定國丞相西平侯

匡衡○東海承人御史大夫

蕭望之○蘭陵人關內侯

王吉○字子陽琅邪皐虞人貢禹同鄉史稱王陽在位

貢禹彈冠言其取舍同也然吉爲宣帝言曰欲治之

主不世出公卿遭遇其時未有建萬世之長策舉明主于三代之隆者也其務在于期會簿書斷獄聽訟而已此非太平之基也甚欲有所匡建與賈誼仲舒之意同宣帝乃以爲迂禹爲元帝言曰廐馬萬匹宮女數千園陵郡國廟皆當減毀務遵儉約元帝悉納用其言蓋圖遠大者難爲功舉細務者俗易從二人所見如此惡在其爲取舍同也善乎司馬溫公論曰孝元優游不斷讒佞用權當時之大患禹不以爲言恭謹節儉孝元之素志禹孜孜言之何哉使禹之智不足知惡得爲賢知而不言其罪大矣余故黜禹以爲人臣泛言塞責者之戒

諸葛豐○琅邪人司隸校尉孔明祖
田何○齊人以諸田徙杜故號杜田生守道不仕惠帝
幸其廬以受業爲易者宗見高士傳
儒林傳○易自田何後有琅邪人魯伯邴丹王横諸縣
人梁丘賀父子東萊人費直○書自伏勝後有千乘
人歐陽生子孫世學兒寬師也濟南人林尊齊人周
堪○魯詩自浮丘伯後有琅邪王扶○齊詩自轅固
後有琅邪人大司馬師丹皮容○韓嬰詩有淄川人
長孫順三詩後世皆亡毛萇詩又得鄭康成箋行于
世○大戴禮琅邪人徐良○公羊胡毋生之後有琅
邪人王中公孫文東門雲莞路左咸淄川任公○穀

梁有不其人房鳳皆齊人明經而伏生諸儒已載前論不復出焉

鄭崇○高密大族哀帝擢爲尚書僕射納用其言每見喜曰我識鄭尚書履聲諫寵董賢浸疏之責崇曰君門如市何以禁切主上崇對曰臣門如市臣心如水上怒下獄死

眭宏○蕃人以明經爲議郎至符節令元鳳三年上書被殺孝昭徵其子孟爲郎

顔安樂○薛人眭孟姊子積學至齊郡丞

毋將隆○蘭陵人京兆尹執金吾王莽秉政以隆少時不肯與交誣以罪免官徙合浦

鮑宣○渤海人司隸以忠直爲王莽所殺妻桓少君
栗融○禽慶○蘇章○薛方
四人皆齊隱士去官不仕王莽見鮑宣傳
逢萌○都昌人學長安王莽殺子宇萌曰三綱絕矣不
去禍將及人即解冠掛東都門隱勞山光武徵不起
又有同郡徐房王君公與萌友善亦隱遯不仕君公
儈牛自晦時人語曰避世牆東王君公或曰兩漢人
才首蓋公與逢萌豈有意乎應之曰先輩有言能令
漢家重九鼎桐江波上一絲風又曰世祖功臣三十
六雲臺爭似釣臺高此之謂也萌墓在北海縣西南
營陵城中

伏湛○琅邪東武人伏生九世孫傳經學仕至司徒清靜無競東州號曰伏不鬬子隆死節兄子恭傳齊詩

王良○蘭陵人王莽時寢疾不仕光武徵拜大司徒司直在位恭儉布被瓦器

衛宏○臨沂人序毛詩訓古文尚書光武拜議郎作漢舊儀載西京雜事傳于世

吳良○議郎

江革○世稱江巨孝茲臨淄人

劉寵○東萊人號一錢太守姪劉繇漢末揚州刺史

曹襃○辟人明慶氏禮博物識古爲儒者宗

寒朗○辟人爲明帝辯楚獄者

侯史光○掖縣人散騎常侍與皇甫陶等持節循省風
俗還奏事稱旨遷少府卒家貧賜錢以葬
趙彥○琅邪人勸宗資發五陽郡兵從孤虛推遁甲破
徐兗羣盜
鄭康成○大司農高密人宋封高密伯
滕撫○北海劇人涿令破東南羣盜者
王望○琅邪人青州刺史擅發廩賑饑者
淳于恭○北海淳于人以孝義徵爲郎
童恢○琅邪姑幕人循吏
周璆○樂安人陳蕃傳
公沙穆○膠東人明經舉孝廉遷鄫相

承宮○琅邪姑幕人中郎將明春秋
司馬均○東萊人隱居教授誠信行乎鄉里爭曲直者
輒曰敢祝少賓乎心不直者終不敢少賓均字祝詛
也
牟融○太尉　郎顗○明京房易
周澤　甄宇○二人皆博士明公羊傳
孫嵩○五人並安丘人嵩安丘有墓
徐苗○淳于人累世相承皆以博士爲郡守
諸葛武侯○琅邪人
孫乾○北海人事昭烈爲秉忠將軍
禰衡○平原人文士才辯性多傲忽傲其儕輩而已衡

敢駡辱曹操有威武不挫之志文人相輕者愧衡多矣

魏徵士管幼安○北海朱虚人

邴原○幼安同郡人魏丞相徵事

王烈○亦北海人漢末三人皆適遼東依公孫度以避亂度安其賢民化其德

國淵　任嘏○竝樂安人康成弟子俱仕魏

王修○北海營陵人魏青州别駕母社日亡悲感鄰里爲罷社

任旐○樂安博昌人黄巾賊到博昌聞旐姓名曰夙聞任子旟天下賢士那可入其鄉

王基○東萊曲城人魏征南將軍

諸葛誕○琅邪人揚州督起兵討司馬昭不克而死

吳太史慈○東萊黃人建昌都尉孫策曰聞君爲太守

刼州章赴文舉詣元德皆有義烈天下智士也

諸葛瑾○琅邪陽都人吳豫州牧孔明族弟吳志曰葛

氏本諸人徙陽都陽都先有姓葛者故時人謂之諸

葛

徐盛○莒人吳安東將軍

是儀○營陵人吳尚書僕射

滕允○劇人吳都亭侯

晉羊祜○泰山南城人南城久廢地屬費縣祜費縣人

也上征吳策唐彬乃鄒人

司徒王導○臨沂人南史宏融曇首儉僧虔泰志筠彬皆導族

劉毅○東萊人尚書僕射謂晉武爲桓靈者

任愷○博昌人侍中

光逸○樂安人八達

解系○濟南人守正不阿爲趙王倫所殺

伏滔○安丘人太元中拜著作郎專掌國史領本州大中正子系之亦有文名

繆播○蘭陵人晉懷帝中書令掌詔命盡忠爲國爲東海王越所害朝野憤惋曰善人國之紀也而加害焉其能終乎越死贈衛尉

王尼○城陽人不拜東海王越越問之對曰公無宰相之能是以不拜

劉允○掖縣人避亂依冀州刺史邵續續欲降石勒允勸續歸晉元帝以允爲丞相參軍仕至江州刺史

王羲之○司徒導從子余按晉室清談王謝不能免羲之獨不爲流俗所移觀其止殷浩北伐之書對謝安登冶城語眞豪傑之士哉使其得君王謝不足多後世徒以書札掩其器識故朱子惜之

劉超○琅邪人蘇峻遷帝于石頭猶啟帝受經者

顏含○琅邪人

劉敏元○北海人忠義傳

徐邈〇姑幕人儒林傳
左思〇臨淄人作齊都及三都賦
石坦〇劇人無居業不娶妻弔喪會葬同日共時處處見之姚萇之亂莫知所終葢異人也王隱晉書
秦王猛〇劇人孫鎮惡宋史有傳孫憲後魏并州刺史北海公清身率下北史有傳九子世號九龍子晞曰非不愛作熱官但思之爛熟耳亦名言也或曰先儒謂孟子以後人物惟有子房孔明魏晉以降張賓崔浩皆比子房王景略則謂如諸葛數子優劣果何如也愚曰孟子王佐之才使值炎劉之奮未必屑漢庭功業諸公皆功名士也故以才智相方不大相遠就

其出處進退觀之則有間矣浩事暴君以殺身賓贊羯勒以傾晉景略覩二子爲優比之諸葛則不能無愧嗚呼天下英才不遇者多矣幸而成功不一二數也景略之儔容可棄乎

南燕晏謨○臨淄人撰齊記晉載記曰南燕主慕容德登營丘問謨以齊之山川丘陵賢哲舊事謨歷對詳辨畫地成圖德深嘉之拜尚書郎德又因饗宴乘高遠矚顧尚書魯邃曰齊魯固多君子當昔接慎巴生淳于鄒田之徒蔭修簷臨清沼馳朱輪佩長劍恣非馬之雄辭奮談天之逸辯指麾則紅紫成章俛仰則丘陵生韻至于今日荒草頹墳氣消烟滅永言千載

能不依然

元魏賈思伯○益都人弟思同俱好經史思伯仕至都官尚書謙恭下士人曰公今貴重寧能不驕思伯曰衰至便驕何常之有世以爲雅言思同仕至侍中今壽光南有墓碑

唐永○北海平壽人後魏北地良將性清廉無蓄積妻子不免飢寒二子陵瑾皆儒雅知名次子瑾字文周賜姓万紐于氏

王宏○臨沂人隱會稽釣魚采藥謝靈運顏延之並相欽重沈約宋書

王素○瑯邪人隱東陽山山中有蚿蟲聲清而形醜作

賦以自況

齊任昉○博昌人博學能文

明僧紹○平原人初隱勞山弟慶符以青州刺史罷任

隨歸隱江東齊太祖稱爲外臣

孟喜○蘭陵人父孟卿父子並傳禮易

臧榮緒○莒人撰東西晉紀與關康之俱隱京口時號

二隱

顔見遠○琅邪人南齊御史中丞蕭衍殺齊主見遠死

之子協孫之推皆知名

諸葛璩○琅邪人齊梁徵辟皆不就隱居敎授妻子不

見喜慍之容

梁孫謙○東莞人循吏

劉勰○東莞人撰文心雕龍

伏曼容○密州人臨海武昌太守解易詩論語老莊

隋隱士徐則○郯人隱縉雲山絕粒養性

杜松贇○北海人大業末賊攻北海執松贇使諭城降

松贇罵賊而死

張軌○臨邑人與樂安孫樹仁爲莫逆交每易衣而出

以此見稱西魏恭帝時除隴右府長史卒家無餘財

惟有書數百卷

張買奴○平原人高齊太常博士北史儒林傳云買奴

經義該博門徒千餘人諸儒咸推重之尤精服氏春

秋又云自晉杜預註左氏預元孫坦坦弟驥在宋並爲青州刺史傳其家業故齊地多習之

孫益德○樂安人其母爲人所害益德童幼復仇不避魏孝文后特免之見北史孝行傳又北海王闓數世同居有百日見節義傳

荀金龍妻劉氏○平原人荀爲梓潼太守疾病賊圍城劉氏代帥將士拒戰賊奪水城中渴甚劉仰天號訴得雨以衣服懸絞取水卒完城北史烈女傳

宋劉穆之○東莞人左僕射

臧燾○莒人兄子質守盱眙拒魏太武者

徐廣○東莞人撰晉紀

顏延之○琅邪人作五君詠

段文振○北海人諫煬帝寵突厥者

唐房元齡○齊州人墓在濟南東南采石山

秦叔寶

羅士信○竝歷城人濟南府城中有羅姑井相傳士信

故宅

段志元○臨淄人房秦段皆凌烟功臣志元孫文昌仕

至太尉文昌子成式太常少卿竝有才名

馬周○茌平人

杜伏威○章丘人大業末據淮南歸唐封太子太保兼

行臺尚書令

任敬臣○棣州人五歲喪母哀毀天至問父曰何以報母父曰揚名顯親可也乃刻志從學舉孝廉虞世南器其人薦爲宏文館學士終太子舍人

員半千○齊州全節人武陟尉歲早勸令發粟賑民令不從及令謁州半千悉發之下賴以濟刺史怒囚半千于獄會辥元超持節度河責刺史曰君有民不能恤使惠出一尉尚何罪釋之後仕至太子諭德封平原郡公

或問先賢行蹟例多不載惟賑恤一事自子奇王望半千三人皆詳書之何也對曰欽聞富鄭公不言使遼之功至知青州活饑民五十餘萬自謂賢于中書

二十四考此豈細務哉延祐六年己未齊地大饑父子相食欽銜命賑恤濟南六縣洎鹺竈饑民嘗以勸率富民出粟太多賑濟太廣見責于憲府時官僚有幸此凶歲捐斗升以鬻子女舉日過房悉輦以北欽則訪鬻子者為贖還之乃怒曰是違例徼譽也欽憤鬱久矣無從發之故于三子之事不自知其筆之瀆也嗚呼董熠有言人微無肯信其言官小莫能行其志微子墨卿吾誰與言歟

顔魯公○兄杲卿並瑯邪人

刺史蔣欽緒○萊州人與沂州蕭至忠姻家戒至忠曰君材不患不見用患非分而求耳至忠果附太平公

主預禍

崔融○齊州人鳳閣舍人諸孫多顯宦

符令奇○臨沂人田悅反死節

張允濟○北海人循吏

顏師古○臨沂人註漢書其敘例諸家名氏有琅邪伏儼北海劉德皆漢末註班書者因附見云

王仲丘○琅邪人明禮

王希夷○滕人爲人牧羊取傭以葬親隱徂徠山元宗訪以道義授朝散大夫聽還山

郭虔瓘○歷城人右驍衛將軍兼北庭都護戰功甚多

王無競○東萊人監察御史臨朝斥宰相宗楚客偶語

左遷太子舍人

高適○渤海人諫議大夫忤權近出刺蜀年五十始爲詩郎工

高沐○渤海人貞元中進士李師古辟署判官師道叛沐以誠款結天子爲師道所殺

盧惟清妻徐氏○淄州人惟清貶播州會赦徐迎惟清至荆州聞惟清死二奴將刼徐歸下江徐數其罪奴不敢逼徐倍道至播州得惟清尸還葬齊濟高其節作詩頌之

崔信明○益都人秦川令吟楓落吴江冷者

五代王凝妻李氏○青州人斷臂者

石昂○臨淄人昂讀書好學不求仕進節度使符習高其行召爲臨淄令入朝以公事謁監軍楊彦朗贊者以彦朗家諱石更其姓曰右昂昂責彦朗曰內侍奈何以私害公昂姓石非右也彦朗大怒昂卽解官去語其子曰吾本不欲仕亂世果爲刑人所辱

邊鳳○濱州人五世同居無異爨天子旌其門復其家又王陶密州人數世同居五代史孝友傳

王師範○青州人

歐陽子曰孟子謂春秋無義戰予謂五代無全臣其仕不二代者以國繫仕非一代者作雜傳夫入于雜誠君子之所羞而一代之臣未必皆可貴欽按五代

名節李氏尚矣青州五臣惟石昂有孝節稱疾辭祿及節度使王師範爲可取其餘皆不足貴也史稱師範好學以忠義自許爲治有聲績朱溫圍鳳翔師範見詔書泣曰吾屬爲帝室藩屏豈得坐視天子困辱雖力不足當死生以之遂起兵討溫求助于楊行密斬朱友寧于青州及淮南兵歸力不能支遂降溫爲其所族嗚呼師範欠兵敗一死耳原其本心非朝梁而暮晉者故綱目特書曰平盧節度使王師範發兵討朱全忠又曰王師範以淮南兵擊朱友寧斬之曰討曰斬則與之之意可見矣況其處死不亂又毅然丈夫哉汨之雜傳則其志亦可哀也已故特表而出

之

南唐韓熙載○青社人五代之亂熙載投南唐累官至中書侍郎多置妓妾晝夜歌舞謂僧德明曰吾爲此行正欲避國家入相之命僧問其故熙載曰中原常虎視于此一旦真主出棄甲不暇吾不能爲千古笑端初熙載之走江南也李穀送別各言所志熙載曰江南果相我當以長驅定中原穀曰中原若相我下江南如探囊中物穀後相周世宗定江南而熙載之言不驗胡氏以爲熙載文士高談非穀沈毅有智略之比是故然已使世宗唐主易地而君熙載豈無能爲者知時不可爲而能沈晦以免禍其智亦足稱也

繁欽于劉表數欲見奇杜襲喻之而止李驤爲劉崇所殺至有吾負經濟之才乃爲愚人謀事死固有甘心之歎然則熙載其賢乎

孫晟○密州人南唐宰相周世宗征淮南唐遣晟使周晟謂其副曰吾行必不免然終不負永陵一抔土後爲世宗所殺正其衣冠南望拜曰臣以死報國乃就刑

宋傅霖○青州逸人乖崖稱曰傅先生天下士

王曾○益都人狀元丞相文正公弟皞字子融直集賢院初新舊五代史皆不與韓通立傳識者笑之皞著唐餘錄有紀志傳又博采諸家說倣裴松之三國志

附註于下表韓通于忠義傳冠以宋初褒贈之典新舊史皆所不及文正嘗言曾平生之志不在溫飽韓器識若此可謂難兄難弟矣

蔡齊○萊州人狀元參政文忠公

呂夷簡○萊州人丞相文靖公六世孫伯恭號東萊先生宋會要濱州有夷簡祠公通判濱州奏不稅農器王曾知其有相業

王從善○青州人太宗雍熙二年始踰冠九經及第見長編

李之才○青州人師穆伯長傳陳希夷先天易嘗謂邵康節曰科舉之外有義理學義理之外有物理學物理之外有性命學康節曰願受教遂傳易學

麻希夢○前青州錄事參軍年九十餘居臨淄太宗以
高年詔至闕詢及人間利害數對詳明訪以養生之
理對曰臣無他術惟寡情慾節聲色薄滋味詔以尚
書工部郎中致仕賜金紫子景孫興國中登進士甲
科孫温其温舒祥符中相繼第三人及第衣冠以爲
盛事天下稱麻氏教子有法　孫仲英○幼有俊才
七歲能詩以親亡祿不及養不復肯仕退居臨淄七
里別墅博學高行鄉黨化服雖凶年盜不入其家富
韓公文潞公龐莊公相繼鎮青皆致書幣薦其行義
詔以爲國子四門助教州學教授東方學者咸師之
亦年九十餘卒

賈先○臨淄人登進士真宗賜名同改字希德以扶道著書爲己任著山東野錄七篇頗類孟子奏疏言丁謂造作符瑞以誣皇天以欺先帝今幸謂姦發竄逐請明告天下還寇萊公以明忠邪終以孤直不偶官止殿中丞卒門人謚曰存道先生

王樵○字肩望淄川人性超逸深于老易善擊劍有槩世之志廬梓桐山下不交塵俗山東賈同李冠皆尊仰之咸平中契丹内寇舉族北俘累年乃歸刻木爲親葬與山東立祠奉侍終身太守劉通詣樵踰垣遁去其後高弁知州事范諷爲通判相與就見之李冠以詩寄之曰霜臺御史新爲郡棘寺廷評繼下車首

謁梓桐王處士教風從此重詩書晚自號贅世翁豫卜地壘石名繭室刻銘其上曰生前殺軀以虞不備没後寄魂以備不虞後感疾卽入繭室中自掩戶乃卒命以古劍殉葬著遊邊集二卷安邊三策說史十篇濟南李芝爲贅世先生傳治平中淄川詩僧文幼卽其地起祠祠樵其爲世景慕如此

劉孟節○壽光人少師种放天姿絶俗篤古好學酷嗜山水青之南有冶原歐冶子鑄劍之地山奇水清叢筠古木氣象幽絶孟節欲隱其間富韓公爲築室泉上詩以餞之曰先生已歸隱山東人物空其後范文正公文潞公皆優禮之欲薦之朝孟節懇辭少時嘗

寓龍興僧舍往往凭欄獨立懷世事手拍欄干吁唏太息有詩曰讀書悞我四十年幾回醉把欄干拍見司馬溫公詩話

張荷○壽光人師事种放與吳遁魏野楊朴宋濟爲友性高潔爲文奇澁著過非九篇放謂隋唐以來綴文之士罕能及之終以連蹇不遇卒有詩文三卷見澠水燕談

蘇丕○青州人祖德祥建隆四年狀元丕有高行少時一試禮部不中拂衣去居洱水之濱五十年不踐城市歐陽文忠公鎮青言于朝賜號沖退處士年八十餘卒

周起○鄒平人母感吉夢而生父異之謂必大其門因名曰起第進士通判齊州召直史館真宗東封羣臣多獻文頌起獨上書言天下之勢患于安逸而忽于兢業真宗嘉之拜諫議大夫終樞密副使

劉庭式○齊州人蘇軾知密州庭式爲通判初庭式未遇時約取鄉人之女及第後女喪明庭式卒娶之女死喪之踰年而哀不衰因不復娶軾問曰哀生愛愛生色君愛何從生哀何從出庭式曰吾知喪吾妻而已若緣色生愛緣愛生哀色衰愛弛吾哀亦忘則凡揚袂倚市目挑而心招者皆可以爲妻邪軾深感其言庭式後監太平觀老于廬山絕粒不食而面目爽

奕有光步峻坂如飛以壽終

姜遵○淄川人初舉進士爲蓬萊尉以擊搏知名天聖七年拜樞密副使卒贈吏部侍郎

明鎬○密州人參知政事與文彥博同時

李常○字公擇登州人知齊州齊多盜常得黠盜刺爲兵置麾下詢知弭盜之術姦無所容嘗爲富鄭公客李師中榜其閭曰遺直坊東坡有詩

燕肅○字穆之青州人龍圖閣待制知審刑院請讞諸路寃獄有不當者釋其罪自是全活者衆肅有巧思嘗造指南車記里鼓及攲器蓮花漏世服其精

趙師民○字周翰臨淄人九歲能文第進士官至龍圖

閣直學士子彥若哲宗時翰林學士紹聖初章惇以
彥若與修神宗實録貶死
李覺○字仲明益都人舉九經起家知泗州遷禮記博
士
賀元○琅邪人真宗東封謁于道左曰吾水部員外郎
賀元再拜東坡記詩云舊聞父老晉郎官已作飛騰
變化看聞道東蒙有居處願供薪水看燒丹蓋仙人
也
雪竇禪○居琅邪山身被布衫五十年不易向鄰林嘗
爲青州雪竇布衫偈云趙州無義漢雪竇老婆禪一
川風雨後明月卻當天

周沆○字子真益都人累官至樞密直學士安撫使溫公銘其墓云光昔通判并州事公于河東銘曰古之君子德盛道尊望之儼然即之也溫公正衣冠嚴不可干施之于政乃仁乃寬吏畏而悛民思弗諼款銘垂美以告後昆碑今在益都城南駝山下

異人徐問真○濰州人與歐陽文忠善一日求去甚力歐公畱之不可曰我友罪我與公卿遊公使人送之果有鐵冠丈夫長八尺餘俟于道周以瓢覆酒于掌中以飲提笥童子遣回不知所往童子徑發狂亦莫知所終嘗教歐公引氣愈其足疾東坡試之亦驗

于燾○字彭年壽光人博學能文頗喜言兵慶歷中元

昊數寇邊北虜乘釁聚兵求關南地丞相呂文靖公召彭年計之彭年云宜治西北行宮若將親征者以壓其謀乃以大名府爲北都二虜果請盟仁宗春秋高皇嗣未立登州岠嵎山數震彭年上疏曰岠嵎極東方殆東朝未建人心搖動之象宜早定儲以安天下齊宜爲節度逮英宗入繼乃由齊邸人以先識稱之

張藴○淄川人咸平中契丹入寇淄川城壘不完刺史欲棄城奔南山藴時爲郡兵馬監押按劍曰刺史若出吾當斬以徇卒完城後爲環州馬嶺鎮監押雖處窮塞猶建孔子祠刻石爲記范文正公書其碑陰以

美之其後子孫皆以文學才行登侍從云

呂頤浩○齊州人南渡丞相忠穆公

內翰綦崈禮○高密人徙濰州北海故人稱北海先生崈禮隨高宗南渡掌王言凡下詔旨讀者感動時議以爲中興之功非特將士宣力詔令亦有助焉如陸宣公之在奉天也見重如此以忤秦檜位不進翰林侍讀袁伯長云北海子孫見寓四明爲衣冠名族

辛幼安○濟南人宋名臣言行錄黜稼軒不取朱文公稱曰稼軒帥湖南賑濟榜祇用八字雖只麤法便見他有才況其忠英之氣見于辭翰者不一嘗言曰雠虜六十年後必滅虜滅而宋之憂方大其識如此宋

人既以傖荒遇之而不柄用中原又止以詞人目之爲可惜也故識之宋實錄載㓜安贊韓侂胄用兵侂胄敗㓜安獲罪于士論非也稼軒豪傑之士枕戈待旦有志于中原久矣宋人舉國聽之豈無所成侂胄之敗正陳同父所謂眞虎不用眞鼠枉用之所致以此議公可乎

金劉迎○東萊人太子司經有文集號山林長語章宗詔國學刊行

周馳○濟南人在太學以策論魁天下貞祐濟南破不肯降攜二孫赴井死

張行簡○莒州日照人詞賦第一人及第仕至翰林學士承旨備于禮文之學典貢舉三十年門生遍天下弟行中亦進士仕至叅知政事言虎賊必反抗權臣

高琪爲士論所稱（右四人並見中州集）

李國維○淄川人進士歷符離葉二縣合著清名蚤年鄰家有窖銀者兵後無人國維掩而不發（見楊素菴事言補）

楊宏道○字叔能淄川人金末補父廕不就與元遺山劉京叔楊煥然輩皆以詩鳴大爲趙閑閑諸公所稱避亂走襄漢宋人辟爲唐州司戶兼文學不久復棄去晚寓益都嘗一見李璮議不合爲用事者所嫉浮沉閭里以詩文自娛著小亨集事言補等書行于世延祐三年贈文節

齊乘卷六

益都楊峒書巖校

齊乘卷六考證

太公

後漢志琅邪西海縣太公呂望所出有東呂鄉○按續漢志無此文乃劉昭注引博物記耳

仲山甫

太公之後○按通志氏族略樊氏姬姓周太王之子虞仲支孫仲山甫爲周宣王卿士食采于樊曰樊侯因邑命氏則仲山甫非齊人今于氏誤作太公之後豈以大雅烝民有王命徂齊之事因附會尚父苗裔邪當削去不載

鮑叔甯戚隰朋東郭牙弦寧王子成甫

新序曰管仲請于桓公以甯戚爲田官隰朋爲大行東郭牙爲諫臣王子成甫爲大司馬曰君欲治國强兵此五子足矣○按新序管仲曰決獄折中不誣無罪不殺無辜則臣不若弦寧請置以爲大理諫臣下脫去弦寧爲大理一句不符五子之數韓非子作弦商說苑又作弦章

高柴

史記作鄭人○按史記仲尼弟子傳不言子羔何許人集解引鄭康成曰衛人此云鄭人誤隋書經籍志有鄭氏論語孔子弟子目錄一卷

樊遲

史記齊人○鄭康成曰齊人誤作史記

步叔乘

史記齊人○亦鄭康成云后處下放此○廣韻作少叔

乘

檀子朌子黔夫種首

威王臣四子見通鑑○按此見史記田齊世家而近引

通鑑非是韓詩外傳亦載此事作齊宣王

香居

呂氏春秋作春居

王斗

皇甫士安高士傳齊隱士○按王斗見戰國策

王蠋

說苑作歎水經注同

顏蠋

戰國策作斶或作歜

無鹽女宿瘤女

按人物一門自宜稍加條別男女錯列殊覺非體

安期生

見蒯通傳○按蒯通傳作安其生

後千歲求我蓬萊山下○按列仙傳云後數年求我于

蓬萊山

漢四皓夏黃公

留侯世家注云云○按此見司馬貞索隱

伏生名勝

名勝二字當在圖下

墓在朝陽故城東五里○此據寰宇記鄒平志云伏生墓在縣東北十八里按水經注漯水又東北逕東朝陽縣故城南又東逕漢徵君伏生墓南又東逕鄒平縣故城北又東北逕東鄒城北是伏生墓在朝陽城東鄒平城西漢東朝陽故城在今章邱縣北而鄒平城元和志寰宇記諸書皆不言所在齊乘第四卷鄒平故城在今縣西南乃唐初置縣之地本寰宇記非漢縣城也今考鄒平縣志漢梁鄒城在縣北四十里孫家鎮接齊東縣界濟南府志同又濟南府志齊東縣東

南有梁鄒鄉漢梁鄒城地蓋即鄒平之誤耳後魏書地形志東平原郡臨濟下有鄒平城建信今本誤作新城建信亦水經注漯水所逕廢縣在高苑故狄城西北五十里而東鄒在今青城縣界則鄒平城在齊東縣境無疑伏生墓酈注敘于鄒平故城西而今墓處其東南非古漯水所逕矣原其致誤之由蓋以伏生濟南人今墓西隋開皇中嘗置濟南縣因附會徵君邱壠不知其與水經注違異也當以寰宇記在朝陽城東五里者爲是

鄒長倩

遺公孫宏書○按此見西京雜記字句小異者倍織而

爲紀倍紀而爲緵倍緵而爲繸本書無而字猗歟盛
哉本書作猗嗟盛歟
公孫宏
次卿宏字漢書弗載○按史記公孫宏字季
菑川人路史淄州南四十里大辥山宏生處○史記平
津侯傳公孫宏齊菑川國辥縣人也漢書刪去齊字
云菑川辥人也今按地理志菑川國故齊文帝十八
年別爲國縣三劇東安平樓鄉而辥縣自屬魯國中
隔泰山濟南齊郡不與菑川接壤平津傳云宏少時
爲辥獄吏又云菑川國復推上宏二者必有一誤儒
林傳謂辥人公孫宏亦徵則宏實非菑川人矣集解引徐

廣曰薛縣在菑川誤戰國時薛爲齊地故汲黯以宏爲齊人而漢初縣屬魯國故叔孫通薛人請徵魯諸生弟子共起朝儀也路史以淄州大薛山爲宏生處不知宋淄州所治之淄川縣隋開皇十八年改名隋志舊本漢曰貝邱般陽縣屬濟南郡與菑川國治劇縣者無涉而妄以大薛山附會平津之爲薛人豈非踵史漢之誤而轉益失之哉

于公

于公東海郯人圈下應增入四字

匡衡

御史大夫○衡官至丞相封樂安侯非終于御史大夫

者

王吉

貢禹爲元帝言曰廏馬萬匹宮女數千園陵郡國廟皆當滅毀務遵儉約○按漢書貢禹傳載禹奏大略請減乘輿服御器物悉遣後宮及諸陵園女亡子者損廏馬廢苑囿及請寬口賦罷鑄錢省衛卒免奴婢禁近臣私販賣除犯法贖罪入穀補吏之法其指歸于儉約至欲罷郡國廟定漢宗廟迭毀之禮則韋元成傳明以爲不應古禮宜正定非敢以省費議宗廟也此條與禹前奏混而一之又以滅毀爲文豈當時所宜言乎

田何

以諸田徙杜○杜下漢書有陵字

儒林傳

琅邪人王横○漢書作璜此從後漢書○按儒林傳所載齊經師殊不止此于氏自云已載前論者不復出而漏略實多今爲補之于左傳易者東武孫虞王同淄川楊何齊服生即墨成衡咸莒衡胡蘭陵毋將永東海白光殷嘉齊乘有沂嶧二州漢東海郡治郯縣故稱郡人者亦當載入從于公定國之例傳書者濟南張生琅邪殷崇齊炔欽膠東庸生傳詩者魯詩有蘭陵繆生齊詩有琅邪伏理韓詩有東海髮福傳禮者郯后蒼傳公羊春秋者蘭陵褚大後

漢書儒林傳書有千乘歐陽歙歐陽生和伯七世孫臨濟牟長濟南徐巡詩有平原高詡皆于氏所不載也

睢宏

孝昭徵其子孟爲郎○按漢書眭宏字孟孝宣帝即位徵孟子爲郎今于氏以孟爲其子之名又譌宣作昭乖舛甚矣

逢萌

同郡徐房王君公○按後漢書逸民傳君公平原人

伏湛

仕至司徒○當作大司徒按續漢書百官志建武二十七年去大湛爲大司徒在三年

王良

光武徵拜大司徒司直○按良本傳建武三年徵拜諫議大夫六年代宣秉爲大司徒司直司直非初徵官也又按良習小夏侯尚書見儒林傳于氏不言亦疎

衛宏

臨沂人○後漢書云東海人不言何縣

劉寵

姪劉繇漢末揚州刺史○按姪者對姑之稱不得施于世叔父當改作弟子

侯史光

按覽晉武帝時人當在劉毅任愷之次而雜入漢代非

是

趙彥

從孤虛○後漢書方術傳作從孤擊虛此脫去擊字

滕撫

涿令破東南羣盜者○按後漢書撫破羣盜時爲九江都尉拜中郎將歷官終左馮翊今于氏但云爲涿令何也

公沙穆

明經舉孝廉遷鄮相○按後漢書方術傳穆舉孝廉以高第爲主事遷繒相今不言爲主事則遷字上無所承矣又按本傳穆官至遼東屬國都尉亦非終于繒

相也鄫兩漢書竝作繒

牟融

融習大夏侯尚書見儒林傳

徐苗

按苗見晉書儒林傳不當次孫嵩後

王烈

亦北海人○按後漢書獨行傳烈太原人

王修

魏青州別駕○按三國志修爲青州別駕乃袁氏所辟

不當以魏繫之

諸葛瑾

孔明族弟○按子瑜武侯之兄而以爲弟誤甚又瑾之于亮非諸葛誕之比亦不得稱族也

滕允

吳都亭侯○按三國志允官至太常加衛將軍

伏滔

安邱人○按世說新語王中郎令伏元度習鑿齒論青楚人物劉孝標注引滔集載其論略曰滔以春秋時鮑叔管仲隰朋召忽輪扁甯戚麥邱人逢丑父晏嬰涓子戰國時公羊高孟子鄒衍田單荀卿鄒奭莒大夫田子方檀子魯連淳于髡盼子田光顔歜黔子於陵仲子王叔卽墨大夫前漢時伏徵君終軍東郭先

生叔孫通萬石君東方朔安期先生後漢時大司徒伏三老江革逄萌禽慶承幼子徐防薛方鄭康成周孟玉劉祖榮臨孝存侍其元矩孫賓碩劉仲謀劉公山王儀伯郎宗禰正平劉成國魏時管幼安邴根矩華子魚徐偉長任昭先伏高陽此皆青士有才德者也元度此文有闕齊地人物故具載之以裨于氏之闕

石坦

王隱晉書○按隱書久亡于氏何從引之若見他書亦當言某書引也今晉書隱逸傳作石垣

秦王猛

孫鎮惡宋史有傳○當作宋書

孫憲北史有傳九子世號九龍子睎曰非不愛作熱官但思之爛熟耳亦名言也○按北史王憲傳憲孫雲有九子睎其一也于氏以曾孫爲子誤矣又按孝昭之篡睎實預謀此二語者寧足取乎

元魏賈思伯

益都人弟思同今壽光南有墓碑○按元魏益都縣治今壽光北王胡城後齊始移治東陽思同魏之益都人故壽光南有墓金石錄曰思同與其兄思伯後魏書皆有傳云青州當作齊郡益都人今其墓乃在壽光縣德夫蓋未達于此也

王宏

臨沂人○宋書隱逸傳作王宏之

王素

琅邪人○按素與王宏之並琅邪臨沂人而于氏一書

縣一書郡他類此者非一皆其體例之參差也

齊任昉

按昉歷仕齊梁不得專以齊目之

明僧紹

初隱勞山○齊書高逸傳作嶗山南史同

弟慶符以青州刺史罷任隨歸隱江東○齊書及南史

並云隨歸住江乘攝山

孟喜

父孟卿○按孟卿父子西漢經師應次田何之後而雜入南北朝羼矣于氏紀人物既非論時世又不分郡縣殽紛錯如此

臧榮緒

撰東西晉紀○當作晉書

伏曼容

密州人臨海武昌太守○按梁書儒林傳曼容平昌安邱人時無密州之名密州舊曰膠州隋開皇五年改名又按本傳曼容歷仕宋齊梁爲南海武昌臨海三郡太守

張買奴

高齊太常博士○按後齊書及北史並作太學博士

孫益德

魏孝文后特免之○按北史孝行傳云孝文文明太后以其幼而孝決又不逃罪特免之葢孝文時祖母馮太后稱制也于氏妄省其文曰孝文后不可通矣

臧壽

兗子質○按質壽弟子

徐廣

東莞人○按廣兄子豁在宋書良吏傳姊子何承天東海郯人于氏皆失載齊乘人物一門遺漏甚多不可勝補姑舉一隅以證其疎云○劉穆之臧壽徐廣顏

延之四人皆在晉宋間而雜入隋代非是

任敬臣

五歲喪母哀毀天至問父曰何以報母○按新唐書孝友傳問父上有七歲二字不可刪蓋五歲兒纔知哀慕未必解圖報也

顏魯公

兄杲卿○按杲卿與魯公同五世祖但曰兄則無以别于同父者矣且人物例皆書名而諸葛武侯顏魯公之類忽稱爵謚亦一異也

王希夷

授朝散大夫○新唐書云拜國子博士

高適

諫議大夫出刺蜀○按適官至西川節度使終刑部侍郎

石昂

節度使符習高其行召爲臨淄令入朝以公事謁監軍楊彥朗○按五代史記一行傳昂仕晉至宗正少卿又按本傳云習入朝京師監軍楊彥朗知留後事昂以公事至府上謁蓋昂爲臨淄令有事當詣平盧節度而符習入朝楊以監軍爲留後故至府謁彥朗也今于入朝上省一習字又不言彥朗知留後事則是昂自入朝謁監軍于京師非事理矣

南唐韓熙載

靑社人○按宋史南唐世家熙載濰州北海人唐末北海縣猶屬靑州濰州宋乾德三年置而于欽文其名曰靑社則當時州縣皆無此稱以史法論之爲失體矣宋史李之才傳亦曰靑社人非史例也

王曾

弟皞字子融直集賢院○按子融後因元昊反以字爲名更字熙仲官至兵部侍郎

麻希夢

孫仲英退居臨淄七里別墅○按王聖塗澠水燕談錄仲英退居臨淄辨士里別墅刻本士或譌作七于氏

遂云七里別墅誤矣

富韓公文潞公龐莊公相繼鎮青○按潞公未嘗鎮青此因與富龐連文而誤燕談錄云富韓公文潞公皆嘗致書幣龐莊公出鎮遣其子奉書召至府中禮之極厚薦其行義于朝

賈先

眞宗賜名同改字希德○按宋史儒林傳賈同初名罔字公疎眞宗命改今名是同未嘗名先于氏蓋因燕談錄稱臨淄賈先生疎未及卒讀遽以先爲同初名耳前輩言隆萬閒人讀書不看首尾殆如此類希德宋史作希得

劉孟節

按澠水燕談錄孟節名槩于氏不著其名非是

姜遵

淄川人○按宋史遵淄州長山人川葢州字之誤遵酷吏嘗毁漢唐碑營浮屠此第一殺風景事其人無足取也

天聖七年拜樞密副使○按宰輔表在天聖八年三月

李常

字公擇登州人○宋史李公擇南康建昌人即蘇子瞻爲作李氏山房藏書記者非登州人而于氏謂與富公客李常爲一人按蘇集遺直坊詩有云歲月曾幾何客主皆九原是當時李常已亡而子瞻自常州赴

登過廣陵公擇送之竹西亭下則其非一人審矣查愼行曰同時有兩李常一字公擇建昌人一則登州人歐陽公集有讀張李二生文贈石先生詩云先生三十年居魯能使魯人皆好學其閒張續與李常剖琢珉石得天璞則李常不獨爲富公客亦徂徠之高弟也今按登州人不得稱魯歐公或槩言之否則又一李常亦不可知

于燾

壽光人○按燕談錄燾以富弼丁度薦爲武學教授故呂相召與計事今于氏不言爲何官非是燾官至太子中舍人逮英宗入繼乃由齊邸人以先識稱之○按燕談錄齊

鄆下云遂爲興德軍此見齊爲節度之言驗也不當删去

張藴

淄川人○按宋史張掞傳齊州歷城人父藴咸平初監淄州兵掞兄揆傳云其先范陽人後徙齊州是藴歷城人官于淄州于氏以爲淄川人誤

其後子孫皆以文學才行登侍從云○按燕談錄云其子揆掞以文學才行有名于世皆登侍從蓋貫之兄弟並爲龍圖閣直學士也揆字貫之掞字文裕今沒其二子之名而泛言其後子孫則未聞藴孫有登侍從者于氏引書删改失當多類此

綦宗禮

以忤秦檜位不進○按宗禮以草秦檜罷相詞爲所憾及檜再相宗禮已卒于台州此云忤檜故位不進未得其實

張行簡

弟行中○按金史張行信先名行忠避莊獻太子諱改焉莊獻太子名守忠宣宗長子今作中或傳寫之誤

楊宏道

延祐三年贈文節○贈當作謚

附釋音考證釋音多遺漏不可勝補今但舉正其誤

卷一

莞古桓切又胡官切草可作席○按沿革下言晉東莞郡屬徐州當云古桓切漢有東莞縣晉爲郡乃泛訓作草殊可笑也

突宊去㐬○按黃山下言渴馬崖水伏流爲趵突泉止存突字云他骨切足矣不必旁徵義訓兼載古文也○又按陸氏經典釋文先後悉順本書次第便于檢尋而齊乘釋音率多倒亂失序爲不可解

卷二

祊音崩○祊在庚部崩在登部不得借音當作補盲切

涑速搜二音○水名止應音速又按涑有先侯切之音而搜音以所鳩切爲正亦恐混入正齒

卷三

啇音滴今作商○按啇河隋唐書皆从水作滴音義與啇同刻本或誤作滴小于遂讀啇爲滴謬矣

蓨音挑○按蓨與條通當音徒聊切

盼音分○按高唐縣下言齊威王使盼子所治盻音匹莧切其字从目今小于改从日音分則史記本無作盼者且與第六卷盼子之音自相矛盾矣卷六盼从目匹莧切

圮音披上聲○當作部鄙切

卷四

斟灌斟姓灌名○按杜預左傳斟灌斟尋二國夏同姓諸侯則二斟皆姒姓國此云斟姓灌名非是

羿音義○當音詣

鄯音進○釋文子斯反集韻乃有晉音

虺音毀○當音卉

㡘音弦萊州布名○按說文㡘布出東萊漢志東萊有㡘縣或縣以布得名或布以地著號皆不可知而齊乘之載㡘城則于布名無涉也當改云東萊縣名

唁音硯○硯四等字當音彥乃同居三等

斮音酌○當作側略切酌三等字斮二等也

胙音助○當音祚

葢音闔○當音閤

盾音遁○當作徒損切遁字亦有上聲而以去聲爲正

恐滋疑混

卷五

毅音義○當作魚既切

隳音輝○當作許規切

禰音宜上聲○當作泥上聲

逄音龐○當作逢逢俗別字不見說文

湫音啾○按湫隘之湫當音剿

仆音付○當音赴敷位字音付則入非位下矣

徼音邀○當作古堯切音叫平聲

羖䍦音古力○力當作歷

跕都牒切○當作他協切訓爲墮落者乃音都牒切

卷六

詛音與咀同○當作莊助切

怵音出○當音黜

禳音常○當作汝陽切讓平聲音常大謬

嗇音塞○當音色

倩七性切○當作倉甸切

芻音樞○當作窗隅切樞三等字不得借音

裒音裦○裒裦字之譌裦卽褒之俗别字也當改正

弘音與宏同○按字書無弘字今于王導下已改作宏

矚音祝○當音燭

豎音聚○當音署上聲

釋音

男潛述

卷一

沿音緣 嚳音酷 析音錫 括古活切 萴實側切虞夏諸侯也 峴胡典切山小而險又日嶺
上平與現同 莞古桓切又胡官切草可作席 辟音璧 要去聲 干寶搜神記是其撰作于
非 分去聲 殖音實 沭音述水名 菑音緇 澍音時 貕音奚 朐音劬 酈道元音歷
註水經者 公玉帶濟南人公玉姓帶名玉一音瓛 闐馨激切訟也 頷音頷 葷粥與獯
鬻同 蚌步項切 沐載沐音木姓也 劇巨戟切 鸑鷟音岳濯 猺奴刀切山名
鬐音耆 衖音巷 ⿰山包音包 黃能奈平聲三足鱉也或作熊 璮音坦李全之子也 不期
音基 勒音仂 斥充夜切 罘音浮 蜃音慎 艘音騷 鹺才何切鹽也 峆⿰山盧音合閭
蹲音存 窪音蛙 澠音繩 窖音教 趵音豹 突宊他骨切方言江湘謂卒相見日突一日出

貌𠫓㐬說文不順忽出也从到子易云突如其來如孝子突出不容於內也或从到古文子即易突字也今俗書作㐬非　駛使去聲疾也

卷二

龍且子余切項羽將也　淀音甸　耏音而　澅胡卦切水名　禪去聲　黔陬音鉗鄒

渳音米　直固當作沽　匯音潰　漸平聲　祊音崩　涑速搜二音　圯音移橋也　承音澄

又去聲　般音盤　濼音粕　弇音掩　茌仕之切　殺去聲

卷三

嶷岳力切小兒有知也　并去聲　杼音佇　颿與帆同　鄆音運　員音運　伷音宙　睿音銳

費音祕　嶧音亦　鄫慈陵切　僑音橋　鬲音隔　郳音倪　蕤儒錐切　浞仕角切　奡

音傲　疃吐管切　輓音晚　嵎音愚　食其音異基人名　啇音滴今作商　蓨音挑縣名

周亞夫所封　漯音塔　卬音昂　盼音分　瑗音院　圮音披上聲壞也　漚於候切　蓍音詩

卷四

元文 元姓文名 髡 音坤人名 駢 音便平聲人名 奭 音釋人名 慎到 慎姓到名 環淵 環姓淵名 酈 音攜 斟灌 斟姓灌名 羿 音義 澆 倪弔切浞之子卽奡也 璠 音繁 瓚 才贊 贛 古暗切 驂 音參 郱 蒲經切 鄑 音進 郚 午姑切 郯 音談 虺 音毁蝮蛇也又人名 沓 達合切 鮌 音昆上聲 殛 音棘 炔 音桂人名 ⿰巾茲 音茲萊州布名 唁 音硯 磾 音低 權 音角 舋 許慎切 閒 去聲 斮 音酌 胙 音助 葢 音闔 殪 於計切死也 苛 音何 酺 音蒲 蝝 音緣蝗子也 顓臾 音專俞 皞 音昊 盾 音遁 韙 音韋上聲 貺 音況

卷五

楷 口駭切楷書也木名又音皆 毅 音義 勣 音積 甍 音盲 隳 音輝廢也 輅 音路 琛 丑林切 搏 音博 猸 音眉 禰 音宜上聲 叵 音頗 蒯 苦怪切 舋 許慎切 說 音稅 嗾 音瞍使犬聲也 逄 音龐 湫 音啾 郠 音梗 頡 胡結切 迭 徒結切 隗 五罪切 鬻 音育 嵩

音崧闓音凱仆音付徼音邀狙千余切殺攊音古力舄音昔夸音誇雋徂兗

切攷音考漬音恣跕都牒切跕屧也躧所倚切舞履也輻音福湊千候切賈音古

恪與客同聃他甘切珥音耳

卷六

俑音勇謬米幼切纂作管切集也勝平聲錮音固鎬音浩頴庾頃切覵音間

去聲隰音習人姓辟音避鱣張連切蚳鼃音池蛙盼匹諫切鞅音央上聲詛

音與咀同怵音出熾昌志切詘音屈蠋音燭賈音假淖音鬧臏音賓去聲穰音常

苴七余切敫音皎衷音中又音衆嗇音塞絀音出蹙音促倩七性切芻音樞

撲普木切襚音遂鑷音聶緎音域緵七公切竅詰弔切緹音提縈娟營切

舍上聲眭音綏儈音檜褭音裊邴音丙鍜音假旐音兆弘音與宏同曇音潭矚

音祝璩音渠勰音協贇紆倫切絞音交上聲爨音竄抔蒲侯切褒博毛切墅

音聚贅音綴种音蟲讞音言上聲當去聲諠音萱綦崈音其崇僒鈕庚切琪音其

後序

冶音野調去聲撙音尊上聲奉與俸同稟與廩同鏤音漏

昔我先人爲國子助教每謂濬曰吾日與諸生講習所業暇則又與翰苑諸名公唱和詩章詩乃陶冶性情而已若夫有關于當世有益于後人者宜著述以彰顯焉吾生長于齊齊之山川分野城邑地土之宜人物之秀此疆彼界不可不纂而紀之也迨任中書兵部侍郎奉命山東于是周覽原隰詢諸鄉老考之水經地記歷代沿革門分類別爲書凡六卷名之曰齊乘藏于家屬濬曰吾或身先朝露汝其刻之先人既卒常切切在念第以選調南臺又入西廣匆匆未遑遂志茲幸居官兩浙始克撙節奉稟命工鏤板以廣其傳以光先德叅政伯修先生已詳序于前矣有

仕于齊者願一覽焉至正十一年辛卯秋七月奉訓
大夫兩浙都轉運鹽使司副使男潛泣血謹識

先君子自早歲研究史書尤留意于志表凡職官氏族地理之學靡不該貫知益都十年嘗歎縣志疎陋未遑改修間語同志以爲齊之地記自伏琛晏謨而下傳者蓋寡于思容齊乘六卷多采用太平寰宇記雖有譌脫差爲近古適欲校授梓人而桂林胡公移守登州議以竟合乃取舊刻共加讎勘別爲考證附于每卷之後草創未就而先君子疾革以屬門下士楊君書巖峒參訂卒業胡公寓書商確往復踰時而後成公既序其首簡矣慶承謹述先君子遺指綴于卷末且以志公之表章往籍成人之美古誼爲可感也乾隆辛丑暮秋棘人周慶承泣書

泉城文庫

傳世典籍叢書

尚書大傳
儀禮鄭注句讀（上中下）
漱玉詞　漱玉集
稼軒詞疏證（上中下）
靈岩志（上下）
趵突泉志
齊乘（上下）
濟南金石志（上中下）